데어빌레

100일의 사유

아르투어 쇼펜하우어 원문제공
J.Y.Kim-Buzziol 감수
서장혁 지음

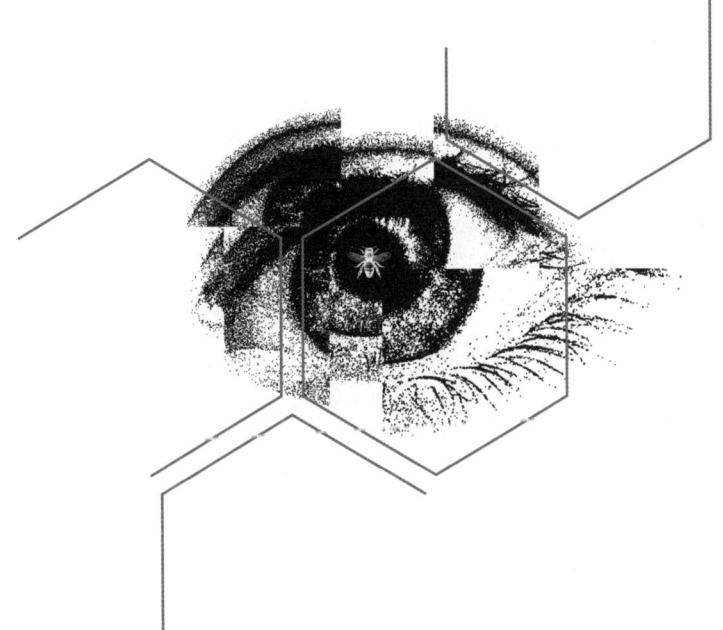

데어빌레

데어빌레
DER WILLE

데어빌레(Der Wille)는 영어로 'The Will' 즉, '의지'라는 표현의 독일어 원문입니다.

우리는 보통 '의지'라고 하면 '단호한 의지'라든가 '굳은 의지' 등 긍정적인 면을 가진 '의지'를 떠올리기 쉽습니다. 그러나 쇼펜하우어가 바라본 '의지'는 좀 더 포괄적인 개념입니다.

쇼펜하우어는 인간의 '살고자 하는 의지'를 '의지'의 기본 개념으로 보았습니다. 배가 고프면 먹고 싶고, 좋은 것을 보면 갖고 싶고, 남들과의 경쟁에서 이기고 싶고, 이러한 '살고자 하는 의지'를 인간의 본질이라 본 것입니다. 그래서 이러한 '의지'는 없앨 수가 없고, 우리는 끊임없이 추구하고 경쟁해야 하기 때문에 쇼펜하우어는 우리의 삶 자체가 고통이라고 말합니다. 그러나 그의 저서 『의지와 표상으로서의 세계』를 통해 절망 대신 우리가 그 고통을 어떻게 다루어야 하는지에 대한 혜안과 철학을 전해줍니다.

'데어빌레'는 우리가 어떤 세상에 살고 있고, 어떻게 살아야 하는지에 대한 여러분의 궁금증에 대해 새로운 시각과 폭넓은 지혜를 드릴 것입니다.

● 처음 철학을 접하시는 분들에게

코로나 이후 우리는 급격히 변화하는 세상 어디엔가 놓여 있습니다. AI, AGI 등 생소한 단어들은 이미 우리 생활 전반에 깊숙이 자리 잡았고, '앞으로 나는 대체될 인간인가?'라는 물음에 시원한 답을 못한 채 우리는 점점 자신의 정체성마저 잃어가고 있습니다. 기술 개발과 변화하는 사회 속에서 우리는 넘어지지 않기 위해 균형추를 찾아다니며 급기야 '자기 자신의 본질'에 대한 궁금증을 갖기 시작했습니다. 그것이 요즘 폭증하는 철학에 대한 갈증입니다.

그러나 철학은 너무 어렵습니다. 원문 자체가 이해하기가 매우 난해합니다. 그래서 시중에 있는 철학 도서는 너무 어려운 원문 위주거나, 철학 원문보다는 옮긴이의 '해석'에 따른 자기계발이나 에세이식 나열에 가까울 수밖에 없습니다.

『데어빌레-100일의 사유』는
이렇게 구성되어 있습니다

제1권 : 표상으로서의 세계

쇼펜하우어는 세계를 표상 즉, 보는 주체의 인식에 따라 달라지는 객체(겉모습)에 비유했습니다. 이 철학은 세상을 서로 다른 관점으로 인식하는 인간에게도 적용되어, 인간관계, 왜곡되기 쉬운 소통 방식, 세대 갈등, 자아정체성과 인간의 도구화에 대한 문제의식까지 전반적으로 영향을 끼칩니다. 제1권에서는 이러한 철학적 관점과 이에 관한 다양한 사례들을 묶어 알기 쉽게 정리해 놓았습니다.

제2권 : 의지로서의 세계

쇼펜하우어는 이러한 갈등의 원인이 인간의 '살아가기 위한 욕망' 즉, 의지 때문이라고 표현했습니다. 제2권에서는 인간의 삶이 왜 고통인지에 대한 명쾌한 해석과 기술 개발, 삶의 방향 상실, 자연에 대해 재해석, 계층 간 분열, 결핍, 부모의 가치 등에 대한 문제를 다룹니다.

제3권 : 예술로서의 세계

쇼펜하우어는 인간에게 고통을 주는 의지를 제대로 다루기 위한 개념으로 예술을 말합니다. 그중에서도 제일 상위 개념으로 삼은 것은 음악입니다. 제3권에서는 음악을 전 세계적인 보편적 언어라고 해석한 쇼펜하우어가 보여 주는 예술에 대한 철학과, 현재 우리가 처해 있는 창작자와 참여자의 올바른 자세, 비뚤어진 예술의 전반적인 사례들에 대해 다룹니다.

제4권 : 윤리로서의 세계

제4권에서는 '정의'와 '윤리'에 대한 쇼펜하우어의 명쾌한 해석을 다룹니다. 욕망을 내려놓는 윤리, 그로 인해 진정한 자유를 얻고 휘둘리지 않는 삶을 살 수 있는 태도와 지혜에 대한 다양한 철학을 우리가 가질 수 있도록 다양한 사례들을 모아 마무리를 짓습니다.

처음 철학을 접하시는 분들에게

하루 한 문장씩
사유하세요

『데어빌레-100일의 사유』는 철학에 대해 관심을 갖고 계시지만 아직 접해 보지 않으신 분들과 철학자의 원문에 대해 직접 느껴 보고 싶어 하시는 분들을 위해 각 Day별 다음과 같은 순서로 구성되어 있습니다.

핵심 철학 원문 100 문장

1818년 발간된 쇼펜하우어의 『의지와 표상으로서의 세계』 전문과 1859년 3판 '개정된 부분'까지 중에서 핵심 원문 총100문장을 발췌하였습니다. 이 도서에 실린 100문장만 이해해도 쇼펜하우어의 철학 한 권을 이해하는 효과를 보실 수 있습니다. 100문장으로 나눈 이유는 철학 문장이기 때문에 한 번에 이해가 쉽지 않습니다. 100일 동안 하루 한 문장씩 충분히 사유하시라는 의미에서 구분해 놓았습니다.

철학적 해석

쇼펜하우어의 철학서 원문 문장을 현대적 이해에 맞게 다시 해석했습니다. 철학을 처음 접하시는 분들도 쇼펜하우어가 말하는 의미가 무엇인지 좀 더 쉽게 이해하실 수 있습니다.

현대적인 상황 예시

과연 쇼펜하우어의 철학이 우리에게 왜 필요한가를 강조하기 위해 우리 일상생활에서 일어나는 고민, 갈등, 문제점 등을 쇼펜하우어의 문장마다 예시를 들어 해석 관계를 더욱 명확히 했습니다.

철학에는 정답이 없습니다. 쇼펜하우어가 말한 것처럼 세상은 보는 사람의 인식에 따라 다르듯이, 철학도 여러분의 일상생활에서 어떻게 사유하고 적용하고 따르느냐에 따라 달라집니다. 본『데어빌레-100일의 사유』를 통해 삶 속에서 〈나는 어떤

세상에 살고 있는가〉에 대한 여러분 각각의 정답을 찾아내시
길 바랍니다.

목차

제2권　의지로서의 세계

제3권　예술로서의 세계

제 1 권

표상으로서의 세계

결국 세상은 '객관적 현실'이 아니라
'내가 해석한 현실'이다

001

SNS 속 완벽한 타인의 삶과
나의 불행

⟦ **The world is my representation.**
세계는 나의 표상이다. ⟧

개는 냄새로 세상을 인식하고 벌은 자외선으로 세상을 인식한다. 같은 세계라도 생명마다 전혀 다르게 느낀다. 우리가 보는 세상은 '객관적 실재'가 아니라, 감각과 인식이 만들어 낸 하나의 표상이다. 우리에게 나무는 자연으로 보이지만, 새들은 집을 지을 둥지로, 나무꾼은 땔감용 목재로, 작가에게는 원고지를 제공하는 종이로 보일 수 있다. 그래서 내가 보는 세상과 당신이 보는 세상도 똑같지 않다. 이것은 인간관계에도 적용된다. 즉, 인간관계 대부분의 문제는 상대의 진정한 모습보다는 내가 어떻게 느끼느냐에 따라서 달라진다는 말이다.

나는 매일 아침 출근길 지하철에서 인스타그램을 연다. 피드에는 친구들의 화려한 일상이 펼쳐진다. 대학 동기는 유럽 여행 사진을 올렸고, 직장 선배는 승진 파티 사진을 공유했다. 고등학교 동창은 새로 산 대형 차 앞에서 환하게 웃고 있다. 아침부터 기분이 잡친 다. 나의 평범한 출근길과 비교하며 한숨을 쉰다. 퇴근 후에는 좁은 원룸에 돌아와 배달 음식을 시켜 먹으며 다시 SNS를 켠다. 친구들은 맛집에서 찍은 음식 사진, 이성 친구와의 데이트 사진, 새로 꾸민 아파트 인테리어를 자랑한다. 나는 집에서 넷플릭스를 보며 배달 치킨을 먹는다. '나는 왜 이렇게 초라할까?' 남들은 다 잘사는 것 같은데 나만 뒤처진 것 같은 기분이 든다. 심지어 나의 일상을 SNS에 올리지 못한다. 너무 평범해서, 아니 너무 초라해서 부끄럽기 때문이디.

'나만 이렇게 사는 건가?'

하지만 쇼펜하우어에 의하면, 우리가 보는 SNS에서의 '남들의 완벽한 삶'은 실재가 아니다. 그것은 철저하게 편집되고 가공된 '표상'일 뿐이다. 유럽 여행을 간 친구는 사진에 담지 않은 피곤함과 보이지 않는 고생을 겪었을 수 있다. 승진한 선배는 밤샘 야근과 스트레스로 건강을 해쳤을지 모른다. 대형 차를 산 동창은 엄청난 대출에 허덕이고 있을 수도 있다. SNS는 삶의 극히 일부 하이라이트만 보여 줄 뿐이다. 누구도 자신의 실패, 좌절, 평범한 일상을 적나라하게 드러내지 않는다. 더 중요한 것은 나도 타인에게는 하나의 '표상'으로만 비춰진다는 사실이다. 내가 가끔 올리는 카페 사진을 본 누군가는 '저 친구는 여유롭게 카페도 자주 가는구나'라고 생각할 수 있다. 우리가 보는 세상은 객관적 실재가 아니라 우리의 감각과 인식이 만들어 낸 이미지다. SNS는 이 표상의 왜곡을 극대화한다. 우리는 타인이 의도적으로 보여 주고 싶어 하는 0.1%의 순간만 보면서, 그것이 그 사람의 전부인 양 착각한다. 그리고 우리 삶의 100%와 타인의 0.1%를 비교하며 스스로 불행하게 만든다. 우리에게 필요한 것은 더 화려한 삶이 아니라 '표상과 실재의 괴리'를 깨닫는 것이다. "당신이 보는 세상은 정말 실재인가, 아니면 당신이 만들어 낸 표상인가?" 이 질문에 답할 때, 우리는 비교의 고통에서 벗어나 자신의 삶을 온전히 살아갈 수 있다.

철학적 해석이 필요한 단어

representation : 허상(껍데기)

002

끝나지 않는
시선의 충돌

The world divides into the knowing subject
and the known object.

세계는 인식하는 주체와 인식되는 객체로 나뉜다.

'나'가 없으면 세상을 바라보는 시선도 없다. 동시에 '무언가'가 없으면 '나'도 의미가 없다. '보는 자'와 '보이는 것'은 서로를 필요로 하는 쌍이다. 우리가 몸담은 직장 안에서도 늘 '인식하는 사람'과 '인식되는 사람'이 있다. 직장에서의 상사와 직원의 관계가 그렇다. 상사는 '직원의 성과'를 보려고 하고 직원은 '개인의 노력'을 인정받고 싶어 한다. 하지만 서로 상충하는 것이 아니고 결국은 둘 다 옳다. 단지 서로 다른 자리에서 세상을 보는 '주체'와 '객체'의 관계일 뿐이다.

나는 오늘도 팀장실에서 나오며 한숨을 쉰다. 팀장은 또 다시 "결과가 중요하다"며 기획안을 되돌려 보냈다. 사실 이번 프로젝트를 위해 밤샘 작업을 세 번이나 했다. 경쟁사 분석, 타깃 고객 인터뷰, 트렌드 리서치까지 혼자서 다 했다. 그런데 팀장은 "이건 과정이고, 나는 성과를 봐야 한다"고 말한다. 억울하다. '내가 얼마나 고생했는데, 왜 그걸 몰라주지?' 반면 팀장의 입장은 다르다. 그에게 직원은 능력 있지만 때로는 답답한 사람이다. 팀장은 상무에게 실적을 보고해야 하고, 매출 목표를 달성해야 한다. 직원이 밤을 새든 주말에 일을 하든, 결국 중요한 것은 '결과'다. 팀장도 과거에 똑같이 고생했지만, 회사는 과정이 아니라 성과로 평가한다는 걸 뼈저리게 배웠다. 그래서 그는 나에게 "노력은 알지만, 결과를 내야 한다"고 말한다. 하지만 나의 표정은 차갑게 굳어 가고, 팀장과 사이의 골은 점점 깊어진다.

쇼펜하우어는 "세계는 인식하는 주체와 인식되는 객체로 나뉜다."고 했다. 나에게 '세계'란 자신의 노력과 헌신으로 이루어진 과정이다. 나는 내가 쏟아부은 시간과 에너지를 인식하는 주체다. 반면 팀장에게 '세계'란 조직의 목표와 성과로 측정되는 결과다. 그는 팀의 실적과 회사의 기대를 인식하는 주체다. 내가 보는 세계와 팀장이 보는 세계는 근본적으로 다르다. 나는

'과정 중심의 주체'이고, 팀장은 '결과 중심의 주체'다. 그러나 더 중요하게 여겨야 할 것은 "주체와 객체는 서로를 전제로 한다"는 사실이다. 팀장은 팀원 없이 성과를 낼 수 없고, 팀원은 팀장의 인정 없이 성장할 수 없다. 둘은 서로 떨어질 수 없는 관계다. 거울과 얼굴처럼, 보는 자와 보이는 것처럼, 팀장과 팀원은 서로를 필요로 하는 존재다. 팀장과 팀원이 서로의 시선을 인식하는 순간, 갈등은 대립이 아니라 보완의 관계로 바뀐다. 팀원은 자신의 노력을 설명하되, 팀장이 원하는 결과 지표도 함께 제시한다. 팀장은 성과를 요구하되, 팀원의 과정을 인정하는 피드백도 건넨다. 서로의 시선이 다름을 인식하고 그 차이를 적으로 여기지 않을 때 직장 내 더 완전한 그림이 그려진다.

철학적 해석이 필요한 단어

divide into : ~로 나누어지다
knowing : 인식하는
subject : 주체
known : 인식되는
object : 객체

003

죽음과
상실

No object without a subject,
and no subject without an object.

주체 없이는 객체가 없고, 객체 없이는 주체도 없다.

세계는 '그 자체로 독립된 실체'라기보다 주체에게 드러날 때
만 의미 있는 객체가 된다. 즉, 나를 둘러싼 세상은 객관적으로
독립된 실체가 아니라, 언제나 나에 의해 인식되는 표상이다.
'내가 보는 세상'은 사실상 내 의식이 구성한 세상이다. 내가 잠
든 동안의 세상은 주체인 나에게는 아무 의미가 없고 내가 잠
에서 깨어 인식할 때 비로소 '세상'으로서 존재하게 된다.
그래서 죽음은 '관계의 단절'처럼 느껴지지만, 철학적으로 보
면 완전한 소멸만은 아니다.

한 가정의 부모가 돌아가시면 시간이 지나도 여전히 그 사실을 받아들이기 힘들다. 장례식을 치르고, 유품을 정리해도, 부모가 '없다'는 감각은 여전히 낯설다. 처음에는 부모가 '어디론가 간 것'이라고 생각하려 한다. 하늘나라에, 극락에, 혹은 더 나은 곳에. 하지만 솔직히 그런 위로는 와닿지 않는다. 돌아가신 부모는 그냥 '없다'. 전화를 걸 수 없고, 얼굴을 볼 수 없고, 목소리를 들을 수도 없다. 그래서 우리는 그 구멍을 메울 방법이 없다. 부모의 죽음은 단순한 '이별'이 아니라 '소멸'처럼 느껴진다. 그런데 어느 날, 우연히 핸드폰에서 부모와 찍은 사진을 발견한다. 작년 생신날, 케이크를 앞에 두고 환하게 웃고 계신 부모님의 모습이었다. 사진을 보며 우리에게는 그날의 기억이 되살아난다. "우리 딸이 제일 예뻐"라고 말씀하시던 목소리, 손을 꼭 잡아주시던 따뜻한 감촉, 함께 나눈 소소한 대화들. 부모님은 분명 세상에 안 계시지만, 그 순간만큼은 우리의 의식 속에 생생하게 살아 있게 된다.

쇼펜하우어는 "주체 없이는 객체가 없고, 객체 없이는 주체도 없다"고 했다. 이 철학적 통찰은 죽음과 상실을 새롭게 이해하는 열쇠가 된다. 돌아가신 부모는 자식이라는 '주체'에게 인식될 때만 존재한다. 자식이라는 '주체'가 살아생전 부모님을 생각하고 않고 의식하지 않으면 부모라는 '객체'는 사실 아무 의미가 없다. 반대로 부모님이 돌아가셨다 하더라도 자식이 부모님을 기억하고, 떠올리고, 다시 바라볼 때, 부모님은 자식의 의식 속에서 다시 존재하게 된다. 물론 이것으로 돌아가신 부모님을 실제로 되살릴 수는 없다. 하지만 쇼펜하우어의 철학은 우리에게 위안을 준다. 죽음은 관계의 완전한 단절이 아니라 관계의 형태가 바뀌는 것이다. 우리는 사랑하는 사람을 잃으면 그들이 '완전히 사라졌다'고 생각한다. 하지만 그들은 우리의 의식 속에서 계속 존재한다. 우리가 그들을 기억하고, 떠올리고, 다시 바라볼 때, 그들은 우리의 세계 안에서 다시 살아난다. 기억한다는 것은 곧, 그 사람을 다시 존재하게 하는 일이다. 이것이 죽음 앞에서 우리가 가질 수 있는 가장 깊은 위로다.

철학적 해석이 필요한 단어

without : ~의 존재없이

004

메시지 한 줄에 무너지는 하루
– 인간관계

> **Objects exist only as representations in the subject's consciousness.**
>
> 모든 사물(객체)은 오직 나(주체)의 의식 속 표상으로만 존재한다.

우리는 우리 주변 사물을 있는 그대로 보는 것이 아니라, 우리의 감각과 기억, 감정이 섞인 형태로 본다. 결국 세상은 '객관적 현실'이 아니라 '내가 해석한 현실'이다. 같은 말을 들어도 어떤 사람은 상처받고, 어떤 사람은 웃어넘긴다. 말 자체보다 '그 말을 받아들이는 나의 의식'이 중요하다. 세상은 우리가 어떻게 느끼느냐에 따라 전혀 달라진다.

나는 오전 회의가 끝나고 자리로 돌아오자마자 카카오 톡을 확인했다. 여자 친구에게 어젯밤 보낸 메시지에 답장이 와 있었다. "응"

단 한 글자. 순간 가슴이 철렁했다. 어제저녁 내가 보낸 메시지는 꽤 길었다. "오늘 회의 준비하느라 너무 피곤해. 그래도 너 생각하면서 버텼어. 주말에 뭐 하고 싶어? 시간 내 줘." 정성껏 쓴 메시지였다. 그런데 돌아온 건 "응" 한 글자뿐이었다. 그때부터 머릿속에서 온갖 생각이 꼬리를 문다. '내가 뭘 잘못했나? 화난 건가? 아니면 나한테 관심이 없어진 건가?' 점심시간에도, 오후 업무 중에도 나는 계속 그 "응" 한 글자를 떠올린다. 문장 부호도 없고, 이모티콘도 없는 그 메시지가 마치 냉담한 거절처럼 느껴진다. 다시 메시지를 보낼까 고민한다. "왜 그렇게 짧게 답장해?"라고 물어볼까? 아니면 "혹시 내가 뭐 잘못했어?"라고 물어볼까? 하지만 그렇게 물으면 오히려 집착하는 것처럼 보일까 봐 참았다. 나의 하루는 그렇게 무너져 내렸다.

쇼펜하우어는 "모든 사물은 오직 나의 의식 속 표상으로만 존재한다"고 했다. 내가 본 여자 친구의 "응"은 객관적 사실이 아니라, 나의 의식이 해석한 표상이다. 같은 "응" 한 글자를 보고도, 어떤 사람은 "바쁜가 보네"라고 생각하고 넘어간다. 하지만 나는 "나한테 관심 없나 봐"라고 해석했다. 여자 친구가 쓴 메시지는 똑같지만, 나의 의식이 그것을 '냉담한 거절'로 변형시킨 것이다. 결국 나를 괴롭힌 것은 여자 친구의 메시지가 아니라, 나 자신의 해석이었다. 우리는 상대방의 말과 행동을 '있는 그대로' 받아들이지 않는다. 우리는 그것을 감각, 기억, 감정, 불안, 기대가 뒤섞인 형태로 받아들인다. 특히 현대의 메시지 문화는 이런 왜곡을 더욱 증폭시킨다. 카카오 톡, 문자, 이메일에는 표정도 없고, 목소리 톤도 없다. 오직 텍스트만 있을 뿐이다. 그래서 우리는 그 텍스트에 자신의 감정을 투사한다. 불안한 사람은 평범한 메시지에서도 거절을 읽고, 자신감 있는 사람은 같은 메시지에서 호의를 느낀다. 메시지 자체는 중립적이지만, 우리의 의식이 그것을 색칠한다. 쇼펜하우어의 통찰은 인간관계에서 상대방의 말과 행동에 지나치게 집착하지 않아도 된다는 자유를 준다. 왜냐하면 세상은 우리의 의식 속에서만 존재하기에, 우리는 그것을 어떻게 해석할지 선택할 수 있기 때문이다. 그리고 그 선택이 우리를 오해와 집착의 굴레에서 해방시킬 수 있다.

철학적 해석이 필요한 단어

exist as ~ : 로서 존재하다
consciousness : 의식, 해석

005

나만 왜 이렇게 힘들까?
– 불평등한 사회 문제

[
**Every object obeys the principle
of sufficient reason.**

모든 사물(객체)은 충분이유율의 법칙을 따른다.
]

"모든 일에는 이유가 있다"는 말은 단순한 위로가 아니라, 사회를 읽는 철학이다. 오늘날의 불평등, 빈부 격차, 교육 격차는 우연히 생긴 결과가 아니다. 그 배경에는 제도의 구조, 역사적 맥락, 그리고 인간의 욕망이 있다. 누군가는 "가난은 노력 부족의 결과"라 말하지만, 쇼펜하우어는 "모든 현상에는 원인이 있다"고 본다. 즉, 개인의 실패도 사회의 구조와 분리해 볼 수 없다. 환경 파괴, 교육의 위기, 정치적 분열 모두 충분한 이유가 있다.

나는 오늘도 카페에서 자기소개서를 쓰고 있다. 서른두 번째 지원이다. 대학을 졸업한 지 2년이 지났지만 아직 정규직을 구하지 못했다. 알바로 생활비를 벌면서 틈틈이 공모전도 내고, 자격증도 땄다. 토익은 900점이 넘고 봉사활동도 꾸준히 했다. 그런데도 서류에서 떨어지거나 면접에서 탈락한다. "경력이 부족하다", "우리 회사와 맞지 않는다"는 이유였다. 시골에서 작은 식당을 운영하며 내 학자금 대출을 대신 갚고 계시는 부모님은 "네가 노력하면 된다"고 말씀하시지만, 나는 안다. 이 세상은 노력만으로는 부족하다는 것을. 남들처럼 부모의 인맥도 없고, 강남의 학원도 다니지 못했고, 유학 경험도 없다. 그럼에도 나는 도서관에서 대학시절을 보냈고, 알바로 생활비를 벌었고, 스펙을 쌓기 위해 거의 매일 밤을 새웠다. 하지만 결국 사회는 "경력이 부족하다"고 말한다. 나는 점점 자신을 탓하고 사회에 분노하게 된다.

"도대체 내가 뭘 잘못한 걸까?"

쇼펜하우어는 "모든 사물은 충분한 이유를 따른다"고 했다. 내가 겪는 취업난, 경제적 어려움, 미래에 대한 불안은 단순히 나 혼자만의 문제가 아니다. 수십만 명의 청년들이 같은 고통을 겪고 있다. 청년 실업, 주거 불안, 교육 격차, 세습 사회는 모두 '충분한 이유'가 있는 사회적 현상이다. 기업의 고용 구조, 부동

산 정책, 교육 시스템, 자본의 불평등한 분배가 복합적으로 작용한 결과다. 하지만 사회는 이런 구조적 원인을 개인의 책임으로만 돌린다. "세상은 원래 불공평해, 받아들여." 이런 말들은 청년들을 더 깊은 자책으로 몰아넣는다. 이런 의미에서 쇼펜하우어의 철학은 우리에게 두 가지를 알려준다. 첫째, 우리 청년들이 겪는 문제는 청년들의 잘못이 아니다. 이미 충분히 노력했다. 문제는 청년들이 아니라 청년들이 처한 사회적 구조다. 둘째, 이 구조를 바꾸려면 먼저 그 원인을 이해해야 한다. 감정적으로 분노하거나, 자신을 탓하는 것으로는 아무것도 바뀌지 않는다. "왜 이런 일이 생겼는가?"를 묻고, 그 인과를 파악하는 것이 변화의 첫걸음이다. 충분이유율의 원리는 우리에게 묻는다. "당신의 고통에는 어떤 이유가 있는가?" 이 질문에 답할 때, 우리는 자책을 넘어 연대로 나아갈 수 있다. 그리고 그 연대가 사회를 바꾸는 시작이 된다.

철학적 해석이 필요한 단어

obey : 복종하다, 따르다
the principle of sufficient reason : 충분이유율 (모든 것에는 다 이유가 있다는 법칙)

006

배달 앱 한 번 누를 때마다 쌓이는 미래의 대가

> The principle of sufficient reason governs
> time, space, and causality.
>
> 충분이유율의 법칙은 시간, 공간, 인과의 모든 구조를 지배한다.

기후 변화는 단순히 '이상 현상'이 아니라, 충분한 이유가 있는 결과다. 지구 온난화, 해수면 상승, 산불 등도 인간의 행동이 만든 결과다. 우리가 편리함을 좇아 소비한 에너지가 결국 자연의 질서에 반응을 일으킨 것이다. 시간과 공간을 초월한 인과는, 19세기 산업혁명에서 오늘날의 폭염으로까지 이어진 것이다. 이 원리를 알면 '환경 문제'는 단순한 죄책감의 문제가 아니라 '결과의 책임' 문제로 보인다. 플라스틱 한 개, 자동차 한대는 작은 원인이지만, 수십 년 뒤 결과는 거대하다. 기후 위기를 해결하려면 '왜 이렇게 됐는가' 하는 질문부터 던져야 한다.

충분이유율의 깨달음은, 환경운동보다 먼저 '인식의 변화'를 요구한다. 자연의 법칙은 인간의 이익보다 더 오래, 더 깊이 작동하고 있기 때문이다.

나는 오늘도 점심시간에 배달 앱을 켰다. 화면을 몇 번 터치하자 30분 뒤 비빔밥이 도착했다. 일회용 플라스틱 용기에 담긴 밥, 플라스틱 숟가락, 비닐봉지까지. 나는 밥을 먹고 쓰레기를 버렸다. 이 과정은 너무나 자연스럽고 편리했다. 특별히 죄책감을 느끼지는 않았다. "나 하나쯤이야 뭐." 저녁 뉴스에서는 요즘 연일 기후 위기를 보도한다. 여름 폭염으로 사망자가 속출하고, 산불로 수천 헥타르의 숲이 불탔다. 태풍은 점점 강력해지고, 해수면은 매년 상승한다. '기업이 바뀌어야 하고, 정부가 정책을 만들어야 하는 거 아닌가?'. 나는 환경 문제를 '나와는 먼 이야기'로 여긴다. 북극곰이 빙하 위에서 굶주리는 장면, 산불로 검게 탄 숲의 사진은 안타깝지만, 그것이 자신의 점심 배달과 연결된다고 생각하지는 않는다. 나뿐만이 아니다. 수천만 명이 매일 같은 생각을 한다. 그리고 수천만 개의 플라스틱이 쌓이고, 수천만 대의 배달 오토바이가 도로를 달리고, 수천만 톤의 탄소가 대기로 방출된다.

쇼펜하우어는 "충분이유율의 법칙은 시간, 공간, 인과의 모든 구조를 지배한다"고 했다. 내가 오늘 주문한 배달 음식 하나는 작은 행동처럼 보이지만, 그 뒤에는 거대한 인과의 사슬이 숨어 있다. 배달 오토바이는 화석 연료를 태우며 탄소를 배출한다. 일회용 플라스틱 용기는 석유에서 만들어지고, 사용 후 소각되거나 매립되어 수백 년간 분해되지 않는다. 음식을 조리하는 과정에서도 에너지가 소비되고, 식재료를 운반하는 과정에서도 탄소가 발생한다. 나의 '편리함'은 지구의 '고통'으로 변환된다. 이 인과의 사슬은 우리가 인정하든 안 하든 계속 작동한다. 기후 위기를 해결하려면 먼저 이 인과를 인식해야 한다. 그리고 그 인식이 행동으로, 정책으로, 문화로 변화해야 한다. 나의 작은 선택이 모여 사회의 큰 변화가 되고, 그 변화가 미래 세대의 생존을 결정한다.

철학적 해석이 필요한 단어

govern : 다스리다, 지배하다
time : 시간
space : 공간
causality : 인과관계

우리 아이만 왜 이렇게 느릴까?
– 획일화된 교육

[**Time and space make multiplicity possible.**]
시간과 공간이 있어 사물은 여러 개로 존재할 수 있다.

시간이 없다면 '이전'과 '이후'도 없고, 공간이 없다면 '여기'와 '저기'도 없다. 우리는 시간과 공간을 통해서만 '차이'를 인식한다. 시간과 공간이 다르기 때문에 세상에는 다양한 존재가 있을 수 있다. 하지만 현대의 교육 제도는 이 다양성을 무시하고 모든 학생을 같은 속도와 같은 기준에 맞추곤 한다. 교실은 세상처럼 다양해야 하지만, 교육 제도는 여전히 단 하나의 기준만을 강요한다. 교육의 진짜 목적은 '같아지게 하는 것'이 아니라 '다름을 인정하는 것'이어야 한다.

나는 오늘도 담임 선생님께 전화를 받았다. "준호가 수업 진도를 따라오지 못하고 있어요. 다른 아이들은 벌써 구구단을 다 외웠는데 준호는 아직 7단에서 멈춰 있어요. 집에서 좀 더 봐주세요." 나는 한숨이 나온다. 준호는 분명 똑똑한 아이다. 공룡 이름 수십 개를 외우고, 레고로 복잡한 건축물을 만들고, 그림책을 읽으며 상상력 넘치는 이야기를 만들어 낸다. 하지만 학교에서는 '느린 아이'로 분류된다. 수학 문제를 푸는 속도가 느리고, 받아쓰기에서 자주 틀리고, 다른 아이들처럼 빨리 외우지 못한다. 나는 즉시 준호를 학원에 보내기 시작한다. 이제 준호는 학교가 끝나면 학원으로 달려간다. 집에 돌아오면 밤 9시가 넘는다. 숙제를 하고 나면 잠잘 시간이다. 준호는 피곤해하고, 아침에 일어나기 힘들어한다. 준호가 좋아하던 레고 놀이, 그림 그리기, 공룡 책 읽기는 이제 할 시간이 없다. 나는 마음이 아프지만, 다른 아이들도 다 이렇게 한다며 자신을 위로한다.

쇼펜하우어는 "시간과 공간이 있어 사물은 여러 개로 존재할 수 있다"고 했다. 시간이 다르고 공간이 다르기 때문에 세상에는 다양한 존재가 있을 수밖에 없다. 그러나 현재 우리의 교육은 시간과 공간의 다양성을 지우고, 모든 아이를 하나의 기준에 맞추려 한다. 이 획일화된 시스템 안에서 준호는 '느린 아이'

가 되고, 누구는 '우등생'이 된다. 교육 제도는 이 철학과 정반 대로 작동하고 있다. 교육의 진짜 목적은 모든 아이를 같은 틀에 맞추는 것이 아니라, 각자의 다름을 인정하고 능력을 개발해 주는 것이어야 한다. 천천히 배우는 아이에게는 더 많은 시간을, 빨리 배우는 아이에게는 더 도전적인 과제를, 움직이며 배우는 아이에게는 더 넓은 공간을 주어야 한다. 모든 아이는 다르게 태어났고, 다르게 자라고, 다르게 배우기 때문이다. 그럼에도 이 차이를 지우려는 교육은 폭력이다. 이 차이를 인정하고 키우는 교육이야말로 진짜 교육이다.

철학적 해석이 필요한 단어

make A possible : A를 가능하게끔 하다
multiplicity : 다수, 다양성, 다양한 존재

008

5분 늦은 지하철이 바꾼 인생
– 인과율의 이해

[**Causality connects changes in time and space.**
인과율은 시간과 공간 안에서 일어나는 변화를 이어 준다.]

사건이 일어나면 반드시 그 앞뒤가 있다. 인과율은 그 관계를
잇는다. 우리가 '이유'를 찾는 것은 단순한 호기심이 아니라, 세
계를 이해하려는 본능이다. 인과를 보는 눈은 현실을 통찰하
는 힘이다. 인간의 삶도 마찬가지다. 우리가 오늘 행한 작은 선
택, "지하철을 타지 않고 걸어갔다"는 결정조차 다른 수많은
사건들과 미세하게 얽혀 새로운 결과를 만들어 낸다. 그것이
'만남'이 될 수도 있고, '기회'가 될 수도 있으며, 때로는 '비극'이
될 수도 있다.

평생 그날 아침을 잊지 못한다. 그날은 알람이 5분 늦게 울렸다. 평소 같았으면 7시 30분 지하철을 탔을 텐데, 그날은 7시 35분 지하철을 탔다. 단 5분 차이였다. 나는 별생각 없이 출근했다. 회사에 도착해서 뉴스를 보고 소름이 돋았다. 내가 평소 타던 7시 30분 지하철에서 사고가 났다. 급정거로 인해 여러 명이 다쳤고, 내가 평소 서 있던 자리 근처에서 가장 큰 부상자가 발생했다. 나는 멍하니 화면을 바라봤다. "내가 5분만 일찍 일어났어도…" 그날 이후 나는 세상을 다르게 보기 시작했다. 모든 선택이 의미 있게 느껴졌다. 카페에서 커피를 주문할 때, 어느 줄에 설지 고민했다. 횡단보도를 건널 때도 마찬가지였다. 신호등이 깜빡이면 뛸까, 아니면 다음 신호를 기다릴까? 점점 모든 선택 앞에서 얼어붙었다.

쇼펜하우어는 "인과율은 시간과 공간 안에서 일어나는 변화를 이어 준다"고 했다. 내가 5분 늦게 지하철을 탄 것은 사고를 피하게 한 원인이 맞다. 알람이 늦게 울린 것, 평소보다 천천히 준비한 것, 그 모든 작은 선택들이 연결되어 나를 다른 시간, 다른 공간으로 이끌었다. 이것은 분명한 인과 관계다. 하지만 이후 나의 실수는 이 인과 관계를 '내가 완전히 통제할 수 있다'고 착각한 것이다. 나는 매 순간의 선택이 거대한 결과를 낳는다고 믿었지만, 실제로는 무수히 많은 원인들이 복잡하게 얽혀 있다. 내가 어느 줄에 설지는 분명 작은 원인이다. 하지만 그것이 나의 인생을 완전히 바꿀 만큼 결정적인 원인이 될 확률은 낮다. 왜냐하면 나의 인생은 그 하나의 선택이 아니라, 수천 개의 선택과 수만 개의 우연이 복합적으로 작용한 결과이기 때문이다. 우리는 '원인을 만드는 존재'이지만, 동시에 '다른 무수한 원인들 속에 놓인 존재'이기도 하다. 그러므로 우리는 그 모든 인과를 통제할 수 없다. 우리는 무수히 많은 원인 중 일부만을 만들 수 있을 뿐이다. 그렇다고 모든 것을 포기할 필요는 없다. 자신이 영향을 미칠 수 있는 인과에만 집중하면 된다. 이것을 이해할 때, 우리는 선택에 마비되지도 않고, 무기력에 빠지지도 않는다. 그리고 그러한 철학적 시선이 우리를 불안과 무기력에서 해방시킬 수 있다.

철학적 해석이 필요한 단어

causality : 인과관계, 인과율
connect : 잇다, 연결하다
changes : 변화들

009

3초 영상이 만드는 진실
– 가짜 뉴스와 정보 왜곡

> ## Our senses provide raw data,
> ## not the thing-in-itself.
>
> 감각은 단지 외부 세계의 '자료'를 줄 뿐, 사물 그 자체는 알려주지 않는다.

우리가 보는 세상은 감각의 결과일 뿐, 진짜는 아니다. 눈으로
본 색, 귀로 들은 소리, 손으로 만진 질감 등 이것들은 뇌가 처
리한 정보다. 즉, 감각은 세계의 복사본이지, 원본이 아니다.
뉴스 한 편, 사진 한 장을 보고 '진실'을 다 알았다고 착각하기
쉽다. 그러나 우리가 보는 것은 '자료의 일부'일 뿐이다. 감각과
정보는 항상 편집된 형태로 주어진다. 진실은 언제나 그 이면
에 있다. 감각은 세상의 데이터를 줄 뿐, 본질을 보여 주지 않
는다. 그럼에도 우리는 화면 속 이미지를 현실보다 더 진짜로
믿고, 그 안에서 감정을 소비한다. 그리고 눈과 귀로 접한 자극

이 '사실'이 되면, 인간은 '진실'을 잃는다.

나는 퇴근길 지하철에서 SNS를 하다가 한 영상을 보게 되었다. 한 남성이 임산부에게 자리를 양보하지 않고 핸드폰만 보고 있는 3초짜리 영상이었다. 댓글은 분노로 가득했다. "저런 인간은 사회에서 퇴출시켜야 해", "얼굴 공개해라". 나도 덩달아 화가 났다. 저 남자는 분명 자리를 양보해야 하는데, 왜 저렇게 무심하게 앉아 있을까? 나도 결국 분노의 댓글을 달았고, 영상을 공유했다. 순식간에 수만 명이 영상을 보고, 남자를 비난했다. 다음 날, 반전 영상이 올라왔다. 원래 영상의 앞뒤 맥락을 담은 1분짜리 영상이었다. 남자는 사실 다리를 다쳐 깁스를 하고 있었다. 목발을 짚고 간신히 자리에 앉았고, 임산부기 탔을 때 자리를 양보하려 했지만 임산부가 먼저 "괜찮아요, 앉아 계세요"라고 말했던 것이다. 남자는 미안해하며 고개를 숙였고, 임산부는 미소를 지으며 다른 자리로 갔다. 하지만 누군가 그 장면의 3초만 편집해서 올렸고, 그것이 '진실'이 되었다. 내가 본 영상은 진실이 아니었다. 아니, 정확히 말하면 진실의 극히 일부였다. 나는 내가 남긴 댓글을 지웠지만, 이미 수천 명이 공감 버튼을 누른 후였다.

쇼펜하우어는 "감각은 단지 외부 세계의 자료를 줄 뿐, 사물 그 자체는 알려주지 않는다"고 했다. 우리가 보는 것은 항상 편집되고, 잘리고, 왜곡된 형태로 주어진다. 현대 사회는 이 감각의 왜곡을 극대화한다. 뉴스는 클릭을 유도하기 위해 자극적인 제목을 단다. SNS는 알고리즘으로 감정을 자극하는 콘텐츠를 우선 노출한다. 유튜브는 짧고 강렬한 영상을 권장한다. 우리는 전체를 볼 시간이 없다. 3초면 충분하다. 그리고 그 3초가 '진실'이 되어 버린다. 이런 착각은 사회 전체를 분열시킨다. 가짜 뉴스가 확산되고, 무고한 사람이 마녀사냥을 당하고, 진실은 왜곡된다. 그러나 이것들은 모두 '데이터'일 뿐이다. 진실은 언제나 그 이면에 있다. 진실을 찾으려면 감각을 넘어서야 한다. 빠르게 스크롤하는 손가락을 멈추고, 자극적인 제목이나 이미지에 현혹되지 않고, "이건 진짜인가?"를 물어야 한다. 이 질문이 우리를 정보의 홍수 속에서 길을 잃지 않게 한다.

철학적 해석이 필요한 단어

sense : 감각
provide : 제공하다
raw data : 원시데이터, 외부에 존재하는 데이터 자체
the thing-in-itself : 사물 그 자체

010

너를 위해서 하는 말이야
– 가정 내 불화와 오해

[[**The understanding interprets sensory data according to the law of causality.**

오성(이성)은 감각 자료를 인과율의 법칙에 따라 해석한다.]]

눈은 단순히 빛을 받아들이지만, '이게 나무다'라고 인식하는 것은 오성(이성)의 일이다. 인간의 인식은 감각과 이성의 협업이다. 우리는 감각을 통해 정보를 받고, 이성을 통해 의미를 만든다. 즉, 사람은 보고 들은 것을 인과적으로 해석한다. 문제는, 그 해석이 언제나 '감정'과 '기억'을 거쳐 왜곡될 수 있다는 점이다.

나는 오늘도 어머니와 통화하며 한숨을 쉬었다. "요즘 학교 잘 다니고 있어? 밥은 제때 먹고? 아르바이트 너무 많이 하는 거 아니야? 건강이 제일 중요한데…" 어머니의 목소리에는 걱정이 가득했다. 하지만 내 귀에는 다르게 들렸다. '또 간섭이네. 내가 애기도 아니고 나도 알아서 잘하고 있는데, 왜 자꾸 걱정하는 척 하면서 통제하려고 하지?' 답답한 나는 짜증스럽게 대답했다. "엄마, 나 어른이야. 알아서 할게. 너무 걱정하지 마!" 어머니는 당황했다. "걱정돼서 하는 말인데, 왜 그렇게 말해? 엄마가 널 사랑해서 그러는 거잖아." 어머니도 속상했다. 자식이 자취를 시작한 이후, 밥은 제대로 챙겨 먹는지, 아르바이트 때문에 학업에 지장은 없는지, 건강은 괜찮은지, 밤마다 걱정이 됐다. 자식을 통제하려는 게 아니라 진심으로 걱정해서 전화를 건 것이었다. 그런데 자식은 "간섭하지 마"라고 말한다. 어머니는 서운했다. '내가 사랑해서 걱정하는 건데, 왜 이렇게 받아들일까?'

쇼펜하우어는 "오성(이성)은 감각 자료를 인과율의 법칙에 따라 해석한다"고 했다. 우리는 보통 부모님의 말을 '감각 자료'로 받아들인다. "밥은 제때 먹고?", "아르바이트 너무 많이 하는 거 아니야?" 이 말들은 청각을 통해 우리의 귀에 들어온다. 하지만 우리가 인식하는 것은 단순히 이 말의 표면적 의미가 아니다. 우리의 오성(이성)은 이 말들을 인과적으로 해석한다. "엄마가 나를 못 믿나? 엄마는 내가 혼자 못할 거라고 생각해. 엄마는 날 통제하려고 해." 우리의 오성은 어머니의 말 뒤에 숨은 '원인'을 찾고, 그것을 '불신'과 '통제'로 해석한다. 어머니도 마찬가지다. 우리가 "엄마, 나 어른이야. 알아서 할게"라는 말을 듣고, 어머니의 오성(이성)도 인과적으로 해석한다. "얘가 왜 저렇게 말할까? 내 사랑을 모르는 거야." 어머니의 오성은 우리의 말 뒤에 숨은 '원인'을 찾고, 그것을 '배은망덕'과 '냉정함'으로 해석한다. 우리는 감각을 통해 정보를 받고, 이성을 통해 의미를 만든다. 문제는 그 의미가 항상 '감정'과 '기억'을 거쳐 왜곡된다는 점이다. 진짜 이해는 '나의 해석'으로 원인을 찾는 데서 오지 않는다. 오히려 원인 찾기를 멈추고, 상대방의 말을 '나의 해석'으로 듣지 말고 있는 그대로 받아들이는 데서 온다.

철학적 해석이 필요한 단어

understanding : 오성 – 사물을 인식하고 이해하는 능력 (추리적 사고)
interpret : 파악하다
sensory : 감각적인
according to : ~에 따라
the law of causality : 인과율의 법칙

011

미디어를 얼마나 믿으십니까?
– 이미지 정치와 여론 조작

**Reason forms concepts
from intuitive perceptions.**

이성은 눈으로 본 것을 토대로 개념을 만들어 낸다.

우리는 먼저 '보고, 듣고, 느낀다'. 그다음 그 경험을 머릿속에서 정리해 '개념'으로 만든다. 하지만 현대 사회에서는 그 '직관'이 조작되기 쉽다. 정치인과 미디어는 보통 이미지를 먼저 보여 주고, 생각을 나중에 형성하도록 만든다. 사진 한 장, 짧은 영상, 감정적인 연설이 사람들의 이성을 대신한다. 쇼펜하우어는 이성이 직관을 바탕으로 개념을 만든다고 했다. 즉, 우리가 본 것이 이미 왜곡되었다면, 그다음의 생각도 왜곡된다.

선거가 한 달 앞으로 다가온 상황에서 나는 출근길에 뉴스 알림을 받았다. "A 후보, 시민 폭행 현장 포착!" 기사에는 한 장의 사진이 첨부되어 있다. A 후보가 한 노인의 멱살을 잡고 있는 모습이었다. 사진 속 A 후보의 표정은 험악했고, 노인은 고통스러워 보였다. 나는 충격을 받았다. 댓글창은 분노로 가득했다. "저런 인간이 국민을 대표한다고?", "폭력적인 사람은 정치하면 안 돼", "A는 낙선시켜야 해". 나도 분노의 댓글을 달았고 기사를 공유했다. 다음 날, 반대편 언론사에서 다른 사진을 보도했다. 같은 현장을 다른 각도에서 찍은 사진이었다. A 후보는 시민의 멱살을 잡은 것이 아니라, 쓰러지는 노인을 붙잡고 있었다. 노인이 길에서 넘어지려는 순간, A 후보가 재빨리 붙잡은 것이었다. 사진 속 A 후보의 표정은 험악한 게 아니라 급박한 상황에서 긴장한 모습이었다. 원래 기사는 이 장면의 일부만 잘라내 '폭행'으로 왜곡한 것이었다. 나는 다시 충격을 받는다. '내가 본 건 뭐였지? 내가 믿은 건 뭐였지?' 하지만 이미 사진은 수십만 명에게 퍼졌고, 많은 사람들이 A 후보를 '폭력적인 정치인'으로 기억하게 되었다

쇼펜하우어는 "이성은 눈으로 본 것을 토대로 개념을 만들어낸다"고 했다. 현대 정치는 정책이나 철학으로 승부하지 않는다. 이미지로 승부한다. 우리는 정치인을 직접 경험하지 않는

다. 우리가 경험하는 것은 미디어가 보여 주는 정치인의 모습이다. 그 모습은 철저하게 편집되고, 선택되고, 조작될 수 있다. 우리는 그것을 '진실'이라고 믿지만, 실제로는 누군가가 보여 주고 싶어 조작한 이미지일 수 있다. 문제는 쇼펜하우어가 지적한 대로, "우리가 본 것이 이미 왜곡되었다면, 그다음의 생각도 왜곡된다"는 점이다. 내가 본 사진은 전체 상황의 일부만 잘라 낸 것이었다. 나의 직관 또한 이미 조작되었고, 그 조작된 직관을 바탕으로 형성된 개념도 왜곡될 수밖에 없다. 하지만 우리는 이러한 왜곡에 저항할 수 있다. 보이는 것을 의심하고, 전체 맥락을 찾고, "내가 직접 본 것은 무엇인가?"를 묻는 것. 이것이 진짜 사고다. 이것이 조작된 여론에 휩쓸리지 않는 시민의 자세다. 그리고 시민의 한 표가 모일 때, 우리는 진짜 민주주의에 한 걸음 가까워진다.

철학적 해석이 필요한 단어

reason : 이유, 이성 (직관적 이해)
form : 형성하다
concept : 개념
intuitive : 직관적인, 감각에서 비롯된
perceptions : 지각

나 때는 말이야 vs 요즘 세상이 어떤데
− 세대 갈등

Concepts are abstract representations
derived from intuition.

개념은 직관(경험)으로부터 만들어진 추상적인 표상이다.

우리는 '구체적인 경험'을 통해 '추상적인 생각'을 만든다. 그런데 세대가 다르면 겪은 '경험'이 달라지고, 따라서 '개념'도 달라진다. 부모 세대는 "열심히 공부하면 된다"를 진리로 믿지만, 청년 세대는 "공부만으로는 안 된다"는 현실을 산다. 그래서 서로의 말을 이해하지 못한다. 즉, 경험이 다르면 사고 체계도 달라진다. 젊은 세대는 불안 속에서 살아가고, 기성세대는 안정의 기억으로 살아간다. 세대 갈등은 가치의 충돌이 아니라, 다른 시대의 체험이 만든 인식의 차이다.

오늘도 아버지와 식사 자리에서 말다툼을 했다. "넌 왜 이렇게 취업이 안 되는 거야? 아빠 때는 대학만 나오면 취직이 됐는데, 발품을 팔아야지." 나는 한숨이 나왔다. "아빠, 요즘 세상이 어떤데요. 대기업 경쟁률이 100대 1이 넘어요. 자격증 다섯 개 있어도 서류에서 떨어져요. 아빠 때랑은 완전히 달라요." 아버지는 고개를 저었다. "변명만 하지 말고, 더 노력해야지. 안 되면 중소기업이라도 가든가. 일자리가 없는 게 아니라 네가 안 가는 거야." 나는 답답했다. 아버지 때는 대학 졸업장만 있으면 괜찮은 회사에 취직할 수 있었다. 취직하면 월급으로 저축도 하고, 몇 년이면 집도 살 수 있었다. 아버지는 자신의 경험을 바탕으로 "노력하면 된다"는 믿음을 가지고 있다. 하지만 내가 사는 지금은 완전히 다른 세상이다. 나에게 아버지의 말은 현실과 동떨어진 소리로 들린다.

쇼펜하우어는 "개념은 직관으로부터 만들어진 추상적인 표상"이라고 했다. 아버지의 "노력하면 된다"는 개념은 1990년대 아버지의 경험에서 비롯된 것이다. 아버지는 실제로 노력해서 취직했고, 집을 샀고, 가정을 꾸렸다. 아버지의 경험은 "노력 = 성공"이라는 공식을 증명했다. 그래서 아버지는 이것을 보편적 진리로 믿는다. 반면, 나의 "노력만으로는 안 돼"라는 개념도 2025년의 직관적 경험에서 비롯된 것이다. 실제로 웬만한 대학을 나오고 토익 공부를 하고, 자격증도 땄지만 여전히 취업이 안 된다. 나의 경험은 "노력 ≠ 성공"을 보여 준다. 그래서 나는 이것을 현실로 받아들인다. 세대가 다르면 겪은 경험이 달라지고, 따라서 개념도 달라진다. 세대 갈등은 한쪽이 옳고 한쪽이 틀린 문제가 아니다. 그것은 다른 경험이 만든 다른 개념의 충돌이다. 그래서 다른 경험을 한 사람과 대화하려면, 먼저 그 경험을 이해해야 한다. 상대방의 경험을 듣고, 그 경험이 만든 세계를 인정할 때, 세대는 비로소 대화할 수 있다.

철학적 해석이 필요한 단어

concept : 개념, 추상적 생각
abstract : 추상적인
representations : 표상들
derive from : ~로부터 추출하다
intuition : 직관

013

멈출 수 없는 생각, 끝나지 않는 피로
– 인간의 상실감

Animals perceive intuitively;
humans also think abstractly.

동물은 직관적으로 인식하지만, 인간은 추상적 사고까지 한다.

개나 고양이는 '지금'만 산다. 하지만 인간은 '과거'를 기억하고, '미래'를 상상한다. 그래서 인간은 기뻐하기도 하고, 걱정하기도 한다. 이게 인간의 장점이자, 동시에 고통의 근원이다. 기술이 발전하면서 우리는 더 많은 정보를 알고, 더 빨리 판단한다. 하지만 그만큼 불안도 커졌다. 생각이 깊어질수록, 마음은 피로해진다. 생각의 능력이 인간을 특별하게 만들었지만, 그 능력이 인간을 괴롭히기도 한다.

IT 기업에 다니는 나는 요즘 침대에 누워도 잠이 오지 않는다. 내일 발표 준비는 충분히 했지만, 머릿속에서 온갖 생각이 꼬리를 문다. '발표 중에 질문이 들어오면 어떻게 대답하지? 부장님이 만족하지 못하면? 프로젝트가 엎어지면 내 평가는? 승진에 영향을 미치면? 그럼 내년 연봉은?' 생각은 현재에서 미래로, 가능성에서 불안으로 확장된다. 나는 다시 휴대폰을 켠다. 업무 메일을 확인하고, 뉴스를 읽고, SNS를 스크롤한다. 경제 위기 기사, 구조조정 소식, 다른 사람의 성공 스토리. 정보는 끝없이 쏟아지고, 생각은 멈추지 않는다. 시계는 새벽 2시를 가리킨다.

쇼펜하우어는 "동물은 직관으로 인식하지만, 인간은 추상적 사고까지 가능하다"고 했다. 우리가 키우는 강아지는 '지금'만 산다. '어제' 뭘 먹었는지 후회하지 않고, '내일' 뭘 할지 걱정하지 않는다. 강아지의 인식은 직관적이다. 오직 '지금, 여기'에만 존재한다. 하지만 우리는 다르다. 지난주 실수, 작년의 실패, 어린 시절의 상처를 기억한다. 그러면서 또 한편으로는 내일의 발표, 다음 달의 평가, 5년 후의 커리어 등을 상상한다. 인간의 인식은 추상적이다. '지금'을 넘어 시간과 공간을 횡단한다. 그래서 인간은 늘 피로하다. 현대 기술은 이 피로를 극대화한다. 스마트폰은 뉴스, 이메일, 메시지, 알림을 통해 24시간 정보를 쏟아 낸다. 우리는 끊임없이 생각하고, 판단하고, 반응해야 한다. 선택지는 무한하고, 불안도 무한하다. 그래서 우리는 추상적 사고를 완전히 멈출 수는 없다. 하지만 가끔은 내려놓고 쉬어야 한다. 하루 종일 추상적으로 사고할 필요가 없다. 하루 중 일부는 동물처럼, 지금 이 순간만을 직관적으로 느끼려고 해야 한다. 그 순간이 우리를 끊임없는 기술 피로와 경쟁 사회 속 끝없는 불안에서 구해 줄 수 있다.

철학적 해석이 필요한 단어

animals : 동물
perceive : 인식하다
intuitively : 직관적으로, 경험으로
human : 인간
think : 사고하다
abstractly : 추상적으로

모든 것을 아는데 아무것도 모르는 시대
- 허위 지식의 소비

> **Knowledge is the logical connection of concepts.**
>
> 지식은 여러 생각이 서로 논리적으로 연결된 것이다.

지식이란 여러 생각들이 논리적으로 연결된 것이다. 그러나 오늘날의 정보 사회는 '논리'보다 '속도'를 우선한다. 사람들은 연결되지 않은 짧은 영상, 요약된 문장, 단편적 사실들 같은 조각난 지식에 노출되어 있다. 그 결과, 지식은 '논리적 구조'가 아니라 '자극적 조각'이 되었다. 쇼펜하우어는 지식을 개념의 연결이라 했지만, 현대인들은 그 연결을 잃었다. 우리는 알지만 이해하지 못하고, 듣지만 생각하지 않는다. '정보의 시대'는 사실상 '혼란의 시대'다. 진짜 지식은 양이 아니라, 관계를 아는 것이다.

마케터인 나는 하루에 수백 개의 정보를 소비한다. 출근길 지하철에서 유튜브 쇼츠를 본다. "3분 만에 이해하는 양자역학", "당신이 몰랐던 경제 지식 5가지", "부자들의 아침 루틴". 각 영상은 60초 이내다. 빠르게 스크롤하며 영상을 넘긴다. 점심시간에는 인스타그램 릴스를 본다. 자기개발, 운동, 요리, 심리학. 모든 것이 짧고 자극적이다. 저녁에는 틱톡을 본다. 춤, 유머, 인생 조언. 끝이 없다. 어느 날 친구와 대화에서 이런 지식을 꺼낸다. "너 양자역학 알아? 슈뢰딩거의 고양이 있잖아." 하지만 친구가 "그래서 그게 정확히 뭔데?"라고 물으면 나는 갑자기 막힌다. "음… 고양이가 살아 있기도 하고 죽어 있기도 한 거? 뭐 그런 거." 나는 양자역학이라는 단어를 알지만, 그것이 정확히 무엇인지 설명하지 못한다. 나는 정보를 소비했지만, 지식을 얻지는 못했다.

쇼펜하우어는 "지식은 여러 생각이 서로 연결된 것"이라고 했다. 내가 가진 것은 지식이 아니라 정보의 파편들이다. 숏폼, 릴스, 유튜브등 이 단어들은 나의 머릿속에 따로따로 떠다닌다. 서로 어떻게 연결되는지, 왜 중요한지, 언제 사용해야 하는지 모른다. 그래서 나는 많은 것을 알지만, 실제로는 아무것도 모른다. 오늘날의 정보 사회는 논리보다 속도를 우선한다. 60초 영상은 깊이를 희생하고 속도를 선택한다. 복잡한 개념을 단순화하고, 맥락을 제거하고, 자극적인 부분만 남긴다. 현대인은 하루에 수천 개의 정보를 소비하지만, 그 정보들은 대부분 고립되어 있다. 그 결과, 지식은 논리적 구조가 아니라 자극적 조각이 되어 버렸다. 그리고 그 많은 정보들은 구조가 없다. 어떤 정보가 더 중요한지, 어떤 정보가 먼저 와야 하는지, 어떤 정보가 다른 정보와 연결되는지 모른다. 우리의 머릿속은 정리되지 않은 창고와 같다. 물건은 많지만, 어디에 뭐가 있는지 모르고, 필요할 때 꺼낼 수도 없다. 진짜 지식은 양이 아니라, 관계를 아는 것이다. 백 개의 사실을 따로따로 아는 것보다, 열 개의 개념을 서로 연결해서 이해하는 것이 더 가치 있다.

철학적 해석이 필요한 단어

knowledge : 지식
logical : 논리적인
connection : 연결
concepts : 컨셉들 즉, 여러 생각들

015

모두가 똑똑해졌지만,
아무도 행복하지 않은 이유

**Intellect and reason are tools serving
the will to live.**

지성과 이성은 결국 '살고자 하는 의지'를 위해 만들어진 도구다.

지성과 이성은 생존을 위한 도구다. 오늘날 인간의 '이성'은 경쟁 속에서 효율과 이익을 계산하는 방식으로 발전했다. 하지만 쇼펜하우어는 이성이 단순한 '도구'에 불과하다고 했다. 즉, 인간의 이성은 본질적으로 '살고 싶다'는 욕망의 하위 개념이다. 현대 사회의 개인주의는 이 구조를 극단으로 밀어붙였다. 사람들은 더 똑똑해졌지만, 동시에 더 외로워졌다. 모두가 합리적으로 행동하지만, 그 합리성은 서로를 더욱 소모시킨다. 진짜 이성은 계산이 아니라, 공존의 방법을 찾는 능력이어야 한다.

스타트업 개발자인 나는 명문대를 졸업했고, 대기업을 거쳐 지금은 연봉 1억을 받는다. 나는 모든 결정을 계산할 만큼 합리적이다. 이직할 때는 연봉, 성장 가능성, 스톡옵션을 엑셀로 정리해 비교한다. 친구를 만날 때도 시간 대비 효용을 따진다. "이 사람을 만나면 내 커리어에 도움이 될까?" 연애도 마찬가지다. 소개팅을 받을 때도 상대방의 학력, 직장, 외모, 성격을 체크리스트처럼 평가한다. 혼밥, 혼술, 혼영이 더 효율적이다. 다른 사람과 시간을 맞출 필요 없고, 취향을 조율할 필요도 없다. 나의 삶은 효율적이다. 하지만 나는 외롭다. 진짜 친구가 없다. 모두가 네트워킹 대상일 뿐이다. 사랑도 없다. 조건을 충족하는 사람은 많지만, 마음을 나눌 사람은 없다. 일요일 저녁 텅 빈 아파트에서 넷플릭스를 보다가 문득 생각한다. 높은 연봉, 좋은 직장, 괜찮은 스펙 다 갖추었지만 왠지 공허하고 행복하지 않다. 무언가 중요한 것을 놓친 것 같은데, 그게 뭔지 모르겠다.

쇼펜하우어는 "지성과 이성은 결국 살고자 하는 의지를 위해 만들어진 도구"라고 했다. 인간의 이성 역시 생존을 위해 작동한다. 더 좋은 직장, 더 나은 조건 등 이 모든 것들은 생존 경쟁에서 앞서가기 위한 계산이다. 인간은 이런 이성을, 어떤 선택이 더 이익인지, 어떤 사람이 더 유용한지, 어떤 관계가 더 효율적인지 기준으로 삼는 도구로 사용한다. 하지만 그 이성은 인간을 행복하게 만들지 못한다. 진짜 이성은 계산이 아니라, 공존의 방법을 찾는 능력이어야 한다. "어떻게 하면 내가 이익을 얻을까?"를 묻는 게 아니라, "어떻게 하면 우리가 함께 잘 살 수 있을까?"를 묻는 것이다. 우리는 여전히 경쟁 사회에 살고, 여전히 계산이 필요한 순간이 있다. 하지만 진짜 삶은 생존 이상이어야 한다. 단순히 살아남는 것이 아니라 함께 살아가는 것, 계산하는 것이 아니라 나누는 것, 경쟁하는 것이 아니라 공존하는 것이어야 한다. 삶에서 도움을 주면, 신뢰가 생긴다. 신뢰가 생기면, 협력이 된다. 협력이 되면, 일이 더 잘 풀린다. 그리고 무엇보다, 인간은 덜 외로워진다.

철학적 해석이 필요한 단어

intellect : 지성
reason : 이유, 이성, 사물의 이치와 원리를 알아내는 힘
tool : 도구
serving : 제공하는
the will to live : 살고자 하는 의지

50억짜리 그림 앞에서
아무것도 느끼지 못하는 사람들

[
**The phenomenal world is mere appearance
—an illusion.**

우리가 보는 세계는 단지 현상이며, 일종의 환영이다.
]

쇼펜하우어는 우리가 보는 세상이 '현상', 즉 '환상'에 불과하다
고 했다. 오늘날 그 말은 예술 시장에서 그대로 드러난다. 작품
의 가치보다 '작가의 이름'이, 감동보다 '가격'이 우선된다. 진짜
예술은 사라지고, 이미지가 상품으로 거래된다. 많은 사람들
이 "이 그림이 좋다"가 아니라, "이게 얼마짜리냐"를 묻는다. 이
건 예술의 세계가 아니라, 표상의 세계다. 겉모습이 본질을 완
전히 가린다. 진짜 아름다움은 가격표 없이 존재한다. 작은 낙
서 한 줄, 아이의 그림 한 장에도 본질은 깃들 수 있다. 현상은
덧없지만, 그 안의 진심은 영원하다. 예술을 소비하는 대신, 제

대로 느낄 때 비로소 우리는 환상에서 깨어난다.

미술관 큐레이터인 나는 오늘 VIP 고객들을 위한 프라이빗 전시 오픈식에 참석했다. 전시의 메인은 유명 작가의 추상화 한 점이다. 가격은 50억 원. 나는 작품 앞에서 고객들에게 설명한다. "이 작품은 작가의 말기 작품으로, 시장에서 매우 희귀합니다. 최근 경매에서 같은 시리즈가 50억에 낙찰되었습니다." 고객들은 고개를 끄덕이며 감탄했다. "와, 50억이요? 그럼 이건 투자 가치가 있겠네요." 누군가 물었다. "5년 후엔 얼마나 오를까요?" 나는 웃으며 대답했다. "보수적으로 봐도 두 배는 기대할 수 있습니다." 그러나 나는 속으로 씁쓸했다. 여기 사람들은 아무도 작품 자체에 대해 묻지 않았다. 이 그림이 어떤 감정을 담고 있는지, 작가가 무엇을 표현하려 했는지, 색채와 구성이 어떤 의미인지, 아무도 관심이 없었다. 중요한 것은 오직 가격이었다. 50억, 100억, 두 배, 숫자만 오갔다. 고객들은 작품을 보는 게 아니라 가격표를 보고 있었다. 그들에게 작품은 더 이상 예술이 아니라 투자 상품이었다.

쇼펜하우어는 "우리가 보는 세계는 단지 현상이며, 일종의 환영"이라고 했다. 50억짜리 추상화를 둘러싼 세계가 바로 그 환영이다. 많은 사람들이 예술을 대할 때 작품 자체를 보지 않는다. 대신 작가의 브랜드를 소비한다. 그들이 보는 것은 '현상'일 뿐 작품 자체와는 무관하다. 하지만 사람들은 이 현상을 본질로 착각한다. "이 그림은 50억에 팔렸으니까 좋은 그림이야." 하지만 진짜 예술은 가격표에 있지 않고 진심에 있다. 작품 앞에 멈춰 서서, 천천히 바라보고, 마음으로 받아들이는 것, 그때 비로소 우리는 가격과 이름과 브랜드의 환상에서 깨어난다. 내가 너무나 힘들 때 어린 자식이 나를 위해 그려준 크레파스 그림이 가격이 없다고 해서 가치가 없는 것은 아니다. 가격 너머에는 아름다움이 있고, 이름 너머에 진심이 있다. 그것을 느낄 때, 우리는 비로소 예술의 본질을 만난다.

철학적 해석이 필요한 단어

phenomenal 외관, 실제로 존재하는 대상
appearance 현상, 감각으로 인지하고 경험할 수 있는 세계
illusion 환영

경제시스템과
분리된 인간들

> ## We perceive things as individuals separated by time and space.
>
> 우리는 시간과 공간 속에서 사물을 개별적인 존재로 인식한다.

시간과 공간이 있기 때문에 '나'와 '너', '지금'과 '나중'을 구별할수 있다. 하지만 그건 단지 우리가 그렇게 느끼는 방식일 뿐, 세상은 원래 하나로 연결되어 있다. 이러한 인식은 경제 체계에도 깊이 스며 있다. 회사, 시장, 국가 등은 분리와 경쟁을 전제로 한다. 한 회사의 이익이 다른 누군가의 해고로 이어진다. 한 나라의 탐욕이 다른 나라의 빈곤을 만든다. 그러나 쇼펜하우어는 이런 '분리된 인식'을 인간의 한계라고 보았다. 사실, 인류는 거대한 하나의 생명체처럼 연결되어 있다. 우리가 다시 연결감을 느낄 때, 경제는 단순한 거래를 넘어선다. 진짜 부는 분리된 시간 속 돈이 아니라, 함께 살아가는 관계 속 시간이다.

나는 오늘도 야근을 한다. 배달 앱을 켜고 짜장면을 주문했다. 30분 후 음식이 도착했다. 짜장면을 먹으며 주식 보고서를 작성했다. 실적 분석, 다음 분기 전망, 단순하고 명확한 숫자만 보였다. 하지만 내가 먹는 짜장면에는 보이지 않는 연결이 숨어 있다. 짜장면을 만든 중국집 주방장 김씨는 새벽 5시에 일어나 채소를 다듬었다. 그 채소는 경기도 농부 박씨가 키운 것이다. 박씨는 비닐하우스 대출을 갚기 위해 매일 15시간씩 일한다. 짜장 소스는 대형 식품회사에서 만들었다. 그 회사는 비용 절감을 위해 지난달 공장 노동자 50명을 해고했다. 배달은 라이더 이씨가 했다. 이씨는 프리랜서라 4대 보험도 없고, 시고가 나도 회사가 책임지지 않는다. 이씨는 하루 12시간 오토바이를 타며 배달비 수입으로 가족을 부양한다. 일회용 플라스틱 용기는 중국에서 수입했다. 그 공장의 노동자들은 하루 12시간 일하며 최저임금도 받지 못한다. 나는 이 모든 연결을 모른다. 나에게 짜장면은 그냥 8,000원짜리 저녁일 뿐이다.

쇼펜하우어는 "우리는 시간과 공간 속에서 사물을 개별적인 존재로 인식한다"고 했다. 보통 우리의 인식이 바로 이것이다. 우리는 자신과 라이더를 분리된 개체로 본다. 둘은 잠깐 만났다가 헤어진다. 돈을 냈고, 음식을 받았다. 거래 완료. 단순한 거래 관계일 뿐이다. 나의 세계와 중국집 주방장의 세계, 농부의 세계, 공장 노동자의 세계, 라이더의 세계는 완전히 분리되어 있다. 하지만 쇼펜하우어는 말한다. "그건 단지 우리가 그렇게 느끼는 방식일 뿐, 세상은 원래 하나로 연결되어 있다." 우리와 라이더는 분리되어 있지 않다. 우리가 편리하게 짜장면을 받을 수 있는 것은 라이더가 위험한 일을 감수하기 때문이다. 우리는 분리된 것처럼 느끼지만, 실제로는 깊이 연결되어 있다. 우리가 이 연결을 느낄 때, 경제는 단순한 거래를 넘어서 사람들의 이야기가 된다. 그리고 그 이야기 속에서 우리는 분리된 개인이 아니라, 연결된 존재로서 자신의 자리를 찾을 수 있다.

철학적 해석이 필요한 단어

perceive : 인식하다, 받아들이다
individuals : 개별적 존재
separated : 나누어진, 분류된, 아무 연관이 없는

018

100점을 받아도
아무것도 배우지 못한 아이

[[
As long as we see only representation,
we never reach the thing-in-itself.
표상(겉모습)만 본다면, 우리는 사물의 본질에는 도달할 수 없다.
]]

우리는 대부분 '보이는 것'만 본다. 하지만 진짜를 알기 위해선, 겉이 아니라 '속'을 봐야 한다. 모든 상황이 그렇다. 교육을 예로 들어보자. 우리가 받는 점수와 성적은 '표상'일 뿐, 배움의 본질이 아니다. 점수와 성적만 바라보는 학생들은 지식은 외우지만, 잘 이해하지 못한다. 오늘날의 교육은 성취의 외형만 강조하면서, 진짜 사고력과 감성을 잃고 있다. 보통 시험이 끝나면 기억은 사라지고, 배움의 흔적도 희미해진다. 대부분의 현대 교육이 '표상'에만 매몰되어 있기 때문이다. 이러한 '표상'을 넘어서 '본질'을 가르치는 교육이 진정한 교육이다.

나는 이번 중간고사에서 전교 1등을 했다. 부모님은 자랑스러워했고, 선생님은 칭찬했고, 친구들은 부러워했다. 나는 뿌듯했다. 하지만 시험이 끝나고 2주가 지나자, 이상한 것을 깨달았다. 시험에서 풀었던 문제들이 기억나지 않았다. 국어 지문에서 작가가 무슨 말을 하려 했는지, 영어 독해에서 어떤 이야기가 있었는지, 수학 공식이 왜 성립하는지. 아무것도 기억나지 않았다. 나는 100점을 받았지만, 실제로는 아무것도 배우지 못했다. 사실 나는 시험 일주일 전부터 준비했다. 학원에서 받은 요약 자료를 외우고, 기출문제를 반복해서 풀고, 답안 패턴을 암기했다. "이런 문제가 나오면 이렇게 답해", "저런 질문이 나오면 저렇게 써". 나는 시험을 위한 기계처럼 작동했다. 효율적이고 정확했다. 시험장에서 나는 배운 스킬을 쏟아 냈다. 문제를 보자마자 답이 떠올랐다. 완벽했다. 하지만 시험이 끝나자, 그 모든 지식은 증발했다. 나의 머릿속은 다시 비었다.

쇼펜하우어는 "표상만 본다면, 우리는 사물의 본질에는 도달할 수 없다"고 했다. 내가 본 것은 표상이다. 100점, 전교 1등, 부모님의 칭찬. 이것들은 모두 겉모습이다. 배움의 본질이 아니다. 나는 점수를 얻고, 시험을 통과했지만, 세계를 새롭게 보는 눈을 얻지 못했다. 진짜 배움은 점수가 아니라, 세계를 새롭게 보는 눈을 가지는 것이다. 이것이 부족하면 사회에 나와서 큰 난관을 넘어설 수가 없다. 점수는 표상이고, 배움이 본질이다. 전교 1등이 되는 것보다, 진짜로 이해하는 것이 더 가치 있다. 표상을 넘어서 본질을 가르치는 학교가 진정한 학교다. 배움은 경쟁이 아니라, 깨달음이기 때문이다.

철학적 해석이 필요한 단어

as long as : ~하는 한
never : 결코 ~할 수 없다
reach : 도달하다, 파악하다
the thing-in-itself : 사물 그 자체

천 개의 가면 뒤에 숨은 진짜 나
– 자아정체성과 현대 심리학

Kant denied that we can know the thing-in-itself.

칸트는 '우리는 사물의 진짜 본질을 인식할 수 없다'고 말했다.

칸트는 "우리는 사물의 진짜 본질을 알 수 없다"고 했다. 오늘날 사람들은 자신조차 잘 알지 못한다. 사람은 감각을 통해서만 세상을 본다. 우리가 느끼는 건 '진짜 그 자체'가 아니라, 감각으로 바뀐 모습이다. 왜냐하면 '나의 본질'은 쉽게 닿을 수 없는 깊은 곳에 있기 때문이다. 그래서 명상, 치료, 예술 등은 결국 '나의 사물 자체'를 찾는 여정이다. 스스로 완벽히 아는 일은 불가능할지 몰라도, 알아가려는 노력은 인간의 존재 의무이다. 이것이 칸트의 철학이다.

나는 하루에 여러 개의 '나'를 산다. 아침에 회사에 가면 '능력 있는 직장인'이 된다. 회의에서는 자신감 있게 발표하고, 상사 앞에서는 예의 바르게 행동한다. 점심시간에는 동료들과 공감 잘하는 '활발한 친구'가 된다. 카카오 톡 단체방에서 농담을 주고받고, 고민 상담을 해 주고, 공감하는 말을 건넨다. 저녁에는 모르는 사람들 사이에서 '인플루언서'가 된다. 예쁜 카페 사진, 운동하는 모습, 책 읽는 순간을 올린다. 해시태그를 달고, 필터를 씌우고, 완벽한 이미지를 만든다. 밤에 집에 돌아와 혼자 있을 때, 나는 문득 생각한다. "진짜 나는 누구지?" 나는 거울을 본다. 거울 속 얼굴은 분명 나이다. 하지만 동시에 낯설다. 이 사람이 정말 나일까? 자신이 느끼는 감정도 확신할 수 없다. 회사에서 웃을 때, 그것이 진짜 기쁨인지 아니면 사회적으로 요구되는 반응인지 모르겠다. 친구에게 "괜찮아"라고 말할 때, 정말 괜찮은 건지 아니면 그렇게 보이려고 노력하는 건지 구분이 안 된다. 인스타그램에 올린 행복한 사진 속의 나와, 밤에 혼자 고민하고 있는 지금의 나 중 어느 것이 진짜인가? 둘 다 나인 것 같기도 하고, 둘 다 내가 아닌 것 같기도 하다.

칸트 말에 의하면 우리는 사물의 진짜 본질을 인식할 수 없다. 우리가 겪는 혼란이 바로 이것이다. 우리는 자신을 직접 경험하지 못한다. 우리가 경험하는 것은 '감각으로 바뀐 나'다. 회사에서의 나, 동료들 앞의 나, SNS 속의 나, 그리고 거울 속의 나. 이 모든 '나'는 나의 본질이 아니라, 다른 시각을 통해 인식된 표상일 뿐이다. 나의 본질은 항상 조금 더 깊은 곳에 숨어 있다. 칸트 말에 의하면 그렇기에 우리는 우리의 본질을 제대로 알기 어렵다.

철학적 해석이 필요한 단어

Kant : 이성의 한계를 다룬 인식론을 주창한 철학자
deny : 부정하다
the thing-in-itself : 사물의 진짜 본질

020

이혼 후 찾아온 나 자신
– 심리적 회복력과 자기 통찰

[[**But Schopenhauer claims we can know it.**
하지만 쇼펜하우어는 '우리는 본질 자체'를 알 수 있다고 주장한다.]]

하지만, 쇼펜하우어는 칸트와 달리 "그래도 본질을 알 수 있다"고 했다. 그 본질은 밖이 아니라 '내 안'에 있다. 우리는 고통을 통해 자신을 알게 된다. 실패, 상실, 질병 등이 나를 깎아내리지만 동시에 나를 드러낸다. AI 기술이 아무리 발달해도 '자신의 고통을 의식할 수 있는 존재'는 인간뿐이다. 그건 약점이 아니라 자기 인식의 힘이다. 세상의 본질은 멀리 있지 않다. 그건 내가 느끼는 괴로움, 내가 사랑한 기억, 내가 견딘 시간 속에 있다. 나를 아는 일은 세상을 아는 일이다.

나는 12년간의 결혼 생활을 끝내고 이혼했다. 주변에서는 "잘 결정했어", "새 출발이야"라며 위로했지만, 정작 나는 혼란스러웠다. 거울을 볼 때마다 낯선 사람이 보였다. '나는 누구지? 아내도 아니고, 며느리도 아닌 나는 대체 누구인가?' 결혼 생활 동안 나는 '좋은 아내'가 되려고 자신을 지워 왔다. 남편의 취향에 맞춰 옷을 입고, 시댁의 기대에 맞춰 쓰는 말도 골랐으며, 주변의 시선에 맞춰 웃었다. 그런데 그 모든 역할이 사라지자, 남은 건 텅 빈 공간뿐이었다.

쇼펜하우어는 칸트와 결별하며 이렇게 말했다. "본질을 알 수 없다고? 아니다. 우리는 본질을 알 수 있다. 그것은 밖이 아니라 안에 있다." 현대 사회에서 우리는 끊임없이 외부의 기준으로 자신을 정의한다. 직장에서는 '유능한 직원', 가정에서는 '헌신적인 부모', SNS에서는 '행복한 사람'이라는 페르소나를 쓴다. 그러다 어느 순간, 이혼이나 실직, 자녀의 독립처럼 나의 역할이 박탈될 때, 우리는 정체성의 위기를 겪는다. 하지만 쇼펜하우어의 통찰처럼, 바로 그 고통 속에서 무언가가 드러나기 시작한다. 실패와 상실이 우리를 깎아내렸지만, 동시에 진짜 자신을 드러낸다. 우리는 처음으로 묻는다. '나는 진짜 무엇을 원하는가? 타인의 기대가 아니라, 내 마음은 무엇을 말하는가?' 우리는 종종 고통을 회피하려 한다. 바쁘게 일하거나, 소비로 감정을 달래거나, 관계로 공허함을 메우려 한다. 하지만 세상의 본질은 멀리 있지 않다. 그건 내가 느끼는 괴로움, 내가 사랑한 기억, 내가 견딘 시간 속에 있다. 이혼의 고통 속에서 자신을 발견하듯이, 우리 모두는 각자의 고통 속에서 진짜 자신과 만날 수 있다. 중요한 것은 고통을 단순히 '극복해야 할 장애물'로 보지 않는 것이다. 고통은 나를 드러내는 거울이다. 실패했을 때, 상실했을 때, 질병에 걸렸을 때, 우리는 평소 보지 못했던 자신의 모습을 본다. 그 모습은 불편하고 두렵지만, 동시에 가장 진실하다. 그리고 그 진실과 만남이야말로 진정한 심리적 회복력의 시작이다.

철학적 해석이 필요한 단어

claim : 주장하다

it : the thing-in-itself, 본질 그 자체

거울 앞에서 자신을 미워하는 사람들
– 자아인식

The key lies in our own body.

그 열쇠는 바로 '우리의 몸' 안에 있다.

오늘날 사람들은 몸을 '가꿔야 하는 것'으로 여기지만, 철학적으로는 몸이야말로 진리로 가는 문이다. 거울 속 내 몸은 단순한 외형이 아니라, 내가 세상을 경험하는 방식의 출발점이다. SNS 시대에 몸은 비교의 대상이 되었고, 자존감의 지표가 되었다. 그러나 몸을 타인의 시선 속에서만 보면, 우리는 자신을 잃는다. 우리가 느끼는 피로, 배고픔, 설렘은 모두 존재하고 있다는 언어다. 몸의 신호를 무시하는 삶은, 자신과 단절된 망각상태다. 외모보다 몸 자체의 감각을 믿을 때, 인간은 진짜 자기자신과 다시 연결된다.

나는 매일 핸드폰 앞에서 10분을 보낸다. 얼굴 각도를 바꿔가며 사진을 찍고, 필터를 씌우고, 피부를 매끄럽게, 턱선을 날렵하게, 눈을 크게 보정 한다. 보정된 사진 속 나는 예쁘다. 하지만 거울 속 진짜 나는 마음에 들지 않는다. 코가 낮고, 눈이 작고, 얼굴이 둥글다. 나는 SNS를 연다. 친구들의 셀카가 올라와 있다. 친구들은 모두 날씬하고, 예쁘고, 완벽해 보인다. 나는 자신과 비교하며 한숨을 쉰다. "나만 왜 이렇게 못생겼지?" 그래서 다이어트를 시작한다. 아침을 굶고, 점심은 샐러드만 먹고, 저녁도 거른다. 배고프지만 참는다. 헬스장에서 러닝머신을 뛰고, 근력 운동을 한다. 하지만 운동이 즐겁진 않다. 나는 배고프다는 신호, 피곤하다는 신호, 쉬고 싶다는 신호를 무시한다. 나에게 중요한 것은 몸이 보내는 메시지가 아니라, 기울에 비친 이미지다. 나는 내 몸을 싸워서 이겨야 할 대상으로 여긴다.

쇼펜하우어는 "그 열쇠는 바로 우리의 몸 안에 있다"고 했다. 하지만 우리는 내 몸 안을 보지 않는다. 우리가 보는 것은 거울에 비친 모습, 사진 속 이미지, 타인의 시선 등 오직 몸의 외형이었다. 자신의 몸과 대화하지 않는다. 오히려 몸을 통제하려고만 한다. 하지만 몸은 단순히 가꿔야 하는 대상이 아니라 우리가 세상을 경험하는 방식의 출발점이다. 배고픔, 피곤함,

추위 등등 이 모든 감각은 내가 살아 있다는 증거다. 과도한 다이어트로 인한 영양 부족이나 요요 현상은 이것을 무시한 현상이다. 몸이 보내는 신호를 무시하면 안 된다. SNS를 보고 남들과 비교하기 전에 우선 몸의 감각을 믿고 몸이 보내는 신호에 집중해야 한다. 피트니스 모델의 몸이 되는 것이 아니라, 자신의 몸이 편안한 상태부터 찾아야 한다. 그래서 빨리 자신의 몸과 친구가 되어야 한다. 세상의 이치, 진짜 자아, 진정한 행복, 그 모든 것의 열쇠는 타인의 시선이 아니라 우리 몸 안에 있다. 몸의 목소리를 들을 때, 우리는 비로소 자기 자신과 만난다.

철학적 해석이 필요한 단어

lie in : ~에 놓여 있다
our own : 우리 자신의

022

저는 숫자가 아닙니다
– 질병과 인간의 실존

> **Our body is both representation and direct experience.**
> 몸은 외적으로는 보이는 표상(겉모습)이지만, 내적으로는 직접 경험되는 것이다.

다른 사람에게 내 몸은 '하나의 사물'처럼 보이지만, 나에게는 '내가 직접 느끼는 살아 있는 나 자신'이다. 몸은 세상과 나를 이어주는 다리다. 의사는 몸을 하나의 객체로 보기 때문에 수치, 혈압, 데이터로 환자를 설명한다. 하지만 당사자에게 병은 단순한 숫자가 아니라 두려움과 통증, 그리고 실존의 체험이다. 몸은 외부에서는 관찰되는 '대상'이지만, 내부에서는 느껴지는 '나' 그 자체다. 그래서 병이란 단순한 신체 이상이 아니라, '존재의 흔들림'이다. 우리는 병을 통해 몸의 한계를 알고, 그제야 진짜 나를 마주한다.

6개월 전 나는 건강검진에서 당뇨 진단을 받았다. 공복혈당 150, 당화혈색소 7.2. 의사는 검사 결과지를 보며 말했다. "수치가 높네요. 약을 처방하겠습니다. 식이 조절하시고 운동하세요." 5분 진료였다. 나는 고개를 끄덕였지만, 속으로는 두려웠다. '당뇨? 평생 약을 먹어야 한다는 건가? 합병증이 오면 어떡하지? 실명할 수도 있다던데…' 하지만 의사는 다음 환자를 불렀다. 나의 두려움을 들어줄 시간은 없어 보였다. 나는 밤새 잠을 이루지 못했다. 아내는 "의사가 괜찮다고 했잖아. 약 먹으면 돼"라고 위로했다. 하지만 나는 괜찮지 않았다. 몸은 예전과 똑같아 보이지만, 나는 이제 자신의 몸을 다르게 느낀다. 혈당 측정기를 샀다. 매일 아침 손가락을 찔러 혈당을 잰다. 130, 140, 155. 숫자를 볼 때마다 불안이 커진다. 나의 몸은 숫자로 환원되었다. 더 이상 내 자신이 아니라, 관리해야 할 대상이 되었다. 하지만 내가 느끼는 것은 데이터로 표현되지 않는다. 매일 아침 손가락을 찌를 때의 긴장, 단 음식을 참을 때의 박탈감, 합병증을 걱정할 때의 공포. 이 모든 것은 나의 내면에서만 존재한다.

쇼펜하우어는 "몸은 외적으로는 보이는 표상이지만, 내적으로는 직접 경험되는 것"이라고 했다. 의사가 보는 나의 몸은 '표상'이다. 나이 42세, 체온 36.5도, 혈압 130/85, 혈당 150. 객관적으로 관찰 가능한 숫자이다. 하지만 내가 경험하는 몸은 완전히 다르다. 우리는 자신의 몸을 '안에서부터' 느낀다. 피곤함, 갈증, 불안. 이것은 숫자가 아니라 살아 있는 경험이다. 우리에게 당뇨라는 진단은 '혈당 150'이라는 숫자가 아니라, '내 몸이 더 이상 예전 같지 않다'는 실존적 변화다. 오늘날 현대 의학은 정확한 진단, 효과적인 치료, 통계적 예후를 갖고 있다. 놀라운 발전을 이루었다. 하지만 그 과정에서 환자의 주관적 경험은 사라졌다. 의사는 "당신의 혈당은 정상 범위보다 높습니다"라고 말하지만, "당신이 느끼는 두려움이 얼마나 큰지 이해합니다" 라고는 말하지 않는다. 몸의 고통을 이해한다는 것은, 단순히 치료가 아니라 인간의 깊이를 이해하는 일이다. 이런 의미에서 철학은 우리에게 나쁜 관점을 준다. 몸은 고장 난 기계가 아니라, 살아 있는 경험이다. 병은 패배가 아니라, 자신의 몸이 얼마나 소중한지 존재의 깊이를 이해하는 기회인 것이다.

철학적 해석이 필요한 단어

both A and B : A와 B 둘다
representation : 표상, 겉모습
direct experience : 직접 얻는 경험

023

당신은 대체 가능합니다
– 인간의 도구화

⟦ **Externally, it is an object among objects.**
겉으로 보면, 몸은 다른 사물들과 마찬가지로 하나의 대상이다. ⟧

오늘날 노동 사회에서 인간은 그 어느 때보다 '객체화된 몸'으로 살아간다. 회사에서 사람은 '인력'이라 불리고, '생산성'으로 평가된다. 육체는 '효율'로 환산되고, 피로조차 '데이터'로 계산된다. 노동자는 자아가 아니라 '기능'으로, 인간은 존재가 아니라 '숫자'로 다뤄진다. 하지만 인간은 결코 물건이 아니다. 몸에는 감정과 의지가 깃들어 있다. 사회가 몸을 '도구'로만 본다면, 인간성은 점점 사라진다. 일의 의미는 결국 생산이 아니라 존재의 표현이어야 한다.

물류센터에서 일하는 나는 오늘도 새벽 5시에 출근한다. 거대한 물류센터 안에는 수백 명의 노동자가 있다. 각자는 번호가 적힌 조끼를 입는다. 나는 'W-247'이다. 관리자는 나를 이름으로 부르지 않는다. "247번, 4번 라인으로 가세요." 나는 컨베이어 벨트 옆에 선다. 지나가는 박스를 집어 스캔하고, 분류하고, 쌓는다. 시간당 350개. 그것이 오늘 나의 목표다. 아니, 내가 아니라 'W-247'의 목표다. 관리자는 실시간으로 생산성을 모니터한다. "247번, 속도 느립니다. 시간당 320개. 목표 미달." 나는 기계처럼 움직인다. 집고, 스캔하고, 쌓고. 집고, 스캔하고, 쌓고를 8시간 동안 반복한다. 허리가 아프고 손목이 저리고 다리가 붓는다. 하지만 멈출 수 없고 심지어 화장실 가는 시간도 체크된다. 5분 이상 자리를 비우면 경고까지 받는다. 점심시간은 30분. 밥을 먹고, 화장실에 가고, 다시 라인으로 돌아온다. 쉴 시간은 없다. 나는 자신이 인간인지 기계인지 헷갈린다. 아니, 이곳에서 나는 인간이 아니다. 'W-247'이라는 생산 단위다. 시간당 350개를 처리해야 하는 도구다.

쇼펜하우어는 "겉으로 보면, 몸은 다른 사물들과 마찬가지로 하나의 대상"이라고 말했다. 나의 몸은 회사로서는 하나의 대상이다. 'W-247'이라는 생산 단위. 나의 피로, 통증, 감정은 보이지 않는다. 회사가 보는 것은 오직 생산성이다. 목표치를 달성하느냐 못하느냐다. 수많은 노동자가 유사한 방식으로 살아 간다. 회사는 인력을 관리한다. 효율을 높이고, 비용을 줄이고, 생산성을 극대화한다. 인력 배치, 인력 감축, 인력 교체를 통해 인간은 마치 부품처럼 다뤄진다. 고장 나면 교체하고, 비효율 적이면 제거한다. 그러나 사회가 몸을 도구로만 본다면, 인간 성은 점점 사라진다. 인간은 결코 물건이 아니다. 겉으로 보면 몸은 하나의 대상이지만 그것은 외부의 시선일 뿐이다. 내부 에서 보면, 몸은 살아 있는 존재다. 감정을 느끼고, 의지를 표 현하고, 세상과 연결되는 존재이다.

철학적 해석이 필요한 단어

externally : 외형적으로
among : ~ 사이에서

DAY
024

더, 더, 더
– 멈출 수 없는 욕망의 굴레

[[
Internally, it is felt as willing and striving.
안으로 보면, 몸은 '의지하고 욕망하는' 감정으로 느껴진다.
]]

우리의 몸은 안으로 보면 '하고 싶다'는 의지로 가득 차 있다. 그 안에는 무언가를 이루려는 힘이 있다. 이 말은 곧, 인간의 삶은 끊임없는 욕망의 흐름 위에 놓여 있다는 뜻이다. 하물며 현대 사회는 우리에게 이 욕망을 더욱 부추긴다. 더 좋은 대학, 더 높은 연봉, 더 많은 돈 등 몸은 쉬고 싶어도 마음은 '더'라는 신호에 이끌린다. 그러나 이 끝없는 경쟁은 결국 자기 소모로 이어진다. 몸의 피로는 단순한 과로가 아닌 의지가 지친 증거다.

나는 아침에 일어나면 SNS를 확인한다. 동료가 승진했다는 소식, 친구가 해외여행을 갔다는 사진, 대학 선배가 창업해서 성공했다는 기사, 나는 초조해진다. '나도 뭔가 해야 해. 나도 뒤처지면 안 돼.' 출근해서는 팀장의 기대에 부응하려 애쓴다. 더 좋은 아이디어, 더 높은 성과, 더 많은 인정을 받기 위해 노력한다. 점심시간에도 자기계발서를 읽는다. 퇴근 후에는 온라인 강의를 듣는다. 주말에는 네트워킹 행사에 참석한다. 나는 멈추지 않는다. 멈추면 뒤처질 것 같아서이다. 그러던 나는 어느 날 쓰러졌다. 과로로 인한 급성 위염이었다. 병원 침대에 누워서 나는 처음으로 멈췄다. 일도, 공부도, 네트워킹도, 아무것도 할 수 없었다. 그냥 누워서 천장을 바라봤다. 그리고 생각했다. '나는 왜 이렇게 살았지? 나는 정말 행복했나?' 나는 깨달았다. 내가 좇던 것은 진짜 원하는 게 아니었다. 남들이 원한다고 하는 것, 사회가 성공이라고 정의한 것을 좇고 있었다. 나는 자신의 욕망이 진짜 자신의 것인지 의심하기 시작했다.

쇼펜하우어는 "안으로 보면, 몸은 의지하고 욕망하는 감정으로 느껴진다"고 말했다. 우리의 몸은 스스로 피곤하다는 신호, 그만하라는 신호를 계속 보낸다. 하지만 우리의 내면은 '더 잘해야 해', '더 성공해야 해', '더 인정받아야 해' 등 다른 신호로 가득하다. 이 의지는 몸의 신호보다 강하다. 우리는 몸이 피곤해도 계속 일한다. 몸이 멈추고 싶어도 계속 움직인다. 우리를 움직이는 것은 이성적 판단이 아니라 욕망이다. 대리로 승진했으면 이제 과장이 되고 싶고, 과장이 되면 팀장이 되고 싶다. 팀장이 되면, 임원이 되고 싶다. 끝이 없다. 욕망의 흐름은 멈추지 않는다. 그러나 진짜 강한 사람은 더 가지는 자가 아니라, 욕망을 다스릴 줄 아는 자이다. 진짜 성공은 더 많이 갖는 게 아니라 충분함을 아는 것이다. 욕망에 지배당하지 않는 것이고 멈출 수 있는 용기를 갖는 것이다. 우리는 욕망의 노예가 될 필요는 없다. 욕망을 인식하고, 조절하고, 때로는 내려놓을 수 있어야 한다. 그래야 그 순간, 우리는 진짜로 자유로워진다.

철학적 해석이 필요한 단어

internally : 내부적으로
be felt as : ~로 느껴진다
willing : 자발적인, 의지로 가득 찬
striving : 무엇을 얻고자 노력하는

025

완벽한 아이를 설계할 수 있다면
– 생명 선택의 경계

> ## Thus, the inner essence of the world
> ## —the thing-in-itself is will.
>
> 그래서 세상의 진짜 본질은 살아가려는 마음, 즉 의지이다.

쇼펜하우어는 "세계의 본질은 의지다"라고 했다. 이 말은 모든 생명은 '살고 싶다, 이루고 싶다'는 의지로 가득 차 있다는 의미이다. 오늘날 과학은 생명을 조작할 수 있게 되었고, 생명조차 선택의 대상이 되었다. 유전자 편집, 인공지능 생명체, 복제 기술 등 인간은 이제 창조자의 자리에 서 있다. 그러나 철학적으로 보면, 모든 생명은 단순한 물질이 아니라 '의지의 표현'이다. 즉, 인간이 생명을 다루려는 것은 단순한 문제가 아니라 '의지를 다루려는 일'이다.

생명공학 연구원인 나는 오늘 윤리위원회 회의에 참석했다. 안건은 '맞춤형 유전자 편집 서비스의 상업화 허용 여부'였다. 한 바이오 기업에서 부모가 아이의 유전자를 마음대로 선택할 수 있는 서비스를 출시하려 한다. 부모는 키, 지능, 외모, 질병 저항성까지 모두 선택할 수 있다. 이 기술이 놀라운 것이 미리 부모는 유전병을 예방하고, 건강한 아이를 낳을 수 있다. 회의에서 찬성파는 주장했다. "부모가 아이에게 최선을 주고 싶은 건 당연합니다. 유전병을 막고, 건강하게 태어나도록 하는 게 뭐가 잘못입니까?" 나는 실제로 유전병으로 고통 받는 가족들을 봤다. 만약 이 기술로 그들의 고통을 막을 수 있다면, 그것은 선한 일 아닐까? 하지만 반대파도 목소리를 냈다. "유전병 예방은 이해합니다. 하지만 키와 외모, 지능까지 선택하게 하는 건 다른 문제입니다. 아이는 부모의 소유물이 아닙니다. 설계도대로 만들어지는 제품도 아닙니다."

쇼펜하우어는 "세상의 진짜 본질은 살아가려는 마음, 즉 의지"라고 했다. 모든 생명은 '살고 싶다'는 의지를 가지고 태어난다. 키가 크든 작든, 똑똑하든 그렇지 않든, 건강하든 아프든, 모든 생명은 존재하고 싶어 한다. 이것이 생명의 본질이다. 유전자는 단순한 정보의 나열이 아니라 '살고 싶다'는 의지가 물질로 표현된 것이다. 그러나 오늘 날의 과학은 정확한 위치의 유전자 DNA를 자르고, 붙이고, 수정할 수 있는 지점까지 도달하고 있다. 유전병을 일으키는 유전자를 제거하고, 원하는 특성을 가진 유전자를 삽입하는 것을 목표로 향해 가고 있다. 기술적으로는 놀라운 발전이다. 그러나 과연 우리에게 그럴 만한 권리가 있을까? 인간이 유전자를 편집한다는 것은 단순히 정보를 수정하는 게 아니라, 그 의지를 바꾸는 것이다. 완벽하지 않아도, 부모의 기대와 달라도, 생명은 존재하고 싶어 한다. 이것이 생명의 본질이다. 과학이 발전해도, 우리는 이 본질을 잊어서는 안 된다. 우리가 생명을 다루려고 할 때, 단순히 유전자를 편집하는 게 아니라, 의지를 다루게 되는 것이다. 그 무게를 느낄 때, 우리는 비로소 책임 있는 창조자가 될 수 있다.

철학적 해석이 필요한 단어

thus : 그래서, 그 결과로
inner : 내부의
essence : 본질
the thing-in-itself : 본질 그 자체
will : 의지, 살고자 하는 마음

제**2**권

의지으로서의
세계

문제는 고통 그 자체가 아니라,
고통이 없어야 한다는 사회적 강박이다

026

왜 사는지 모르겠어요
– 불안감과 삶의 방향 상실

> ## The inner nature of the world is will.
> ### 세상의 근본 본질은 '의지'이다.

모든 생명은 살아 있으려는 힘으로 움직인다. 바람이 불고, 꽃이 피고, 사람이 노력하는 것 모두 그 의지 때문이다. 하지만 현대인은 이 본질적 에너지를 잃어버린 채, '무엇을 위해 사는가'를 묻는다. 우리는 살아가지만 그 이유를 모르고, 목표를 향하지만 방향은 불분명하다. 끊임없는 불안은 이 '의지의 방향 상실'에서 생긴다. 일과 돈, 성취와 경쟁 등은 한편으로는 살아 있으려는 의지의 현대적 변형이다. 그러나 그 의지가 '의미'를 잃을 때, 인간은 공허해진다.

회계사인 나는 오늘도 출근한다. 지하철을 타고, 사무실에 앉아, 숫자를 입력한다. 점심을 먹고, 다시 숫자를 입력하고, 퇴근한다. 집에 돌아와 넷플릭스를 보다가 잠든다. 다음 날도 똑같은 일상이 반복된다. 나는 12년째 이렇게 살고 있다. 나는 나름 성공했다. 좋은 대학을 나왔고, 안정적인 직장이 있고, 괜찮은 연봉을 받는다. 부모님은 나를 자랑스러워한다. 친구들도 부러워한다. 하지만 나는 공허하다. 매일 아침 눈을 뜰 때마다 '나는 왜 사는 걸까?'라고 고민을 한다. 나는 심리상담을 받기로 했다. 상담사는 물었다. "무엇이 힘드신가요?" 나는 한참을 망설이다 말했다. "특별히 힘든 건 없어요. 직장도 괜찮고, 돈도 벌고, 건강도 괜찮아요. 그런데 왜 사는지 모르겠어요. 뭘 위해 이렇게 사는지." 상담사는 고개를 끄덕였다. "목표가 없으신가요?" 나는 대답했다. "목표요? 승진? 연봉 인상? 그런 게 목표라면 있죠. 하지만 그게 제 인생의 의미는 아닌 것 같아요. 승진해도 똑같을 것 같아요."

쇼펜하우어는 "세상의 근본 본질은 의지"라고 했다. 모든 생명은 살아 있으려는 힘으로 움직인다. 나무는 햇빛을 향해 자라고, 새는 둥지를 짓고, 사람은 가정을 이루려고 노력한다. 이 모든 것은 '살고 싶다'는 의지 때문이다. 하지만 우리는 가끔 이 의지를 느끼지 못한다. 살아 있지만, 살아 있다는 느낌이 없다.

그래서 우리는 삶 속에서도 끊임없이 불안하다. 이러한 끊임없는 불안은 의지의 방향 상실에서 생긴다. 현대 사회에서 살아남으려면 돈이 필요하고, 일이 필요하고, 성취가 필요하다. 우리는 본능적으로 이것을 안다. 그래서 일한다. 문제는 이 의지가 '생존'에만 머물러 있다는 것이다. 살아남기 위해 일하지만, 정작 왜 살아남아야 하는지는 모른다. 의지는 있지만, 의미는 없다. 삶의 의미는 승진이나 연봉에 있지 않다. 삶의 의미는 '지금 내가 무엇을 하고 있고, 그것이 나에게 어떤 의미인가'에 있다. 그것은 살아가는 수단이지, 살아가는 이유가 아니다. 진짜 이유는 더 깊은 곳에 있다. 무엇을 만들 때의 기쁨, 누군가를 도울 때의 보람, 친구와 나누는 대화, 이런 순간들이 삶의 의미다. 그리고 그런 의미는 찾는 게 아니라 스스로 극복하고 만드는 것이다.

철학적 해석이 필요한 단어

inner : 내적인
nature : 본성

새 아이폰이 나왔다 줄 서자!
- 기술 중독

> **Will is blind, aimless, and ceaseless striving.**
> 의지는 맹목적이고, 목적이 없으며, 멈추지 않는 충동이다.

우리는 왜 사는지 몰라도, 살아가고 싶어 한다. 그게 바로 '의지'다. 목표가 없어도, 생명은 계속 움직인다. 이렇게 의지는 맹목적이며, 멈추지 않는 힘이다. 우리는 왜 끊임없이 더 빠른 기기, 더 강한 인공지능을 만들고 있는가? 그것은 인간이 아닌 '맹목적 의지'가 우리를 움직이고 있기 때문이다. 기술은 편리함을 주지만, 동시에 인간을 끝없는 개발 경쟁에 몰아넣는다. 이제 인간은 기술을 사용하는 존재가 아니라, 기술 발전의 욕망에 종속된 존재가 되었다.

IT 기업 개발자인 나는 오늘 애플 키노트를 시청했다. 새로운 아이폰이 공개되었다. 카메라가 조금 더 좋아졌고, 프로세서가 조금 더 빠르고, 배터리가 조금 더 오래간다. 나는 작년에 아이폰을 샀다. 완벽하게 작동한다. 내가 필요한 모든 기능을 수행한다. 하지만 나는 새 아이폰이 갖고 싶다. 왜? 나도 정확히 모른다. 더 좋은 게 나왔으니까 그냥 갖고 싶을 뿐이다. 내가 다니는 회사도 마찬가지다. 우리 회사는 AI 챗봇을 개발한다. 6개월마다 새 버전을 출시한다. 매번 "혁신적"이라고 홍보한다. 하지만 나는 실제로는 큰 차이가 없다는 것을 안다. 기능이 조금 추가되고, 속도가 조금 빨라지고, 인터페이스가 조금 바뀐다. 사용자들은 이 변화를 알아차리지 못한다. 하지만 회사는 계속 개발한다. 왜? "경쟁사가 하니까." 경쟁사도 같은 이유로 개발한다. "우리가 하니까." 끝이 없다. 모두가 달리고 있지만, 어디로 가는지는 모른다.

쇼펜하우어는 "의지는 맹목적이고, 목적이 없으며, 멈추지 않는 충동"이라고 말했다. 우리가 새 아이폰을 사는 것은 합리적 선택이 아니고 필요해서도 아니다. 그냥 갖고 싶다. 이 욕망은 이성적이지 않다. 본능적이다. 우리 회사가 6개월마다 새 AI를 출시하는 것도 합리적 계획만은 아니다. 사용자가 불편해서가 아니라 그냥 경쟁사가 하니까, 주주가 성장을 요구하니까, 멈추면 망하니까 하는 것이다. 이것은 맹목적 의지다. 목적 없는 질주를 모두가 하고 있지만, 적정한 골인 선은 없다. 우리를 움직이는 것은 우리의 생각이 아니라, 우리 안의 맹목적 의지이기 때문이다. 휴대폰의 알림이 울리면 우리는 반사적으로 확인하고 앱이 업데이트를 요구하면 업데이트를 해야 한다. 우리는 자신이 선택한다고 생각하지만, 실제로는 기술의 리듬에 따라 움직이고 있다. 우리는 이제 기술의 주인이 아니라 기술의 노예가 되어 버렸다. 인간이 이런 욕망을 통제하려면 먼저 자기 안의 맹목적 의지를 인식해야 한다. 이 욕망들은 인간의 것이지만, 동시에 인간을 넘어선 것이다. 그것이 현대 사회 전체를 관통하는 맹목적 의지다. 우리는 이 의지를 없앨 수는 없디. 하지만 인식할 수는 있다. 그리고 인식하는 순간, 우리는 '맹목적으로 따라갈 것인가, 적정한 선에서 멈출 것인가' 선택할 수 있다.

철학적 해석이 필요한 단어

blind : 눈먼, 맹목적인
aimless : 목적이 없는
ceaseless : 그치지 않는
striving : 분투, 충동, 어떤 목표나 가치를 향해 끊임없이 하는 노력

028

멈출 수 없는 사람들
– 사회적 피로와 생존 경쟁

[**It drives all beings to persist and to act.**]
이 의지가 모든 존재를 끊임없이 살아 움직이게 한다.

의지는 모든 생명을 움직이게 하는 원동력이다. 사람뿐 아니라 동물, 식물, 심지어 자연의 힘도 '살고자 하는 움직임'에서 비롯된다. 하지만 이 생존 본능이 현대 사회에서는 '피로의 구조'로 나타난다. '쉰다는 것'은 죄책감이 되었고, '멈춘다는 것'은 낙오로 여겨진다. 의지는 본래 자연스러운 생명력이다. 그러나 자본주의 사회는 그 에너지를 '성과'로만 평가한다. 이제 인간은 살기 위해 일하는 것이 아니라, 일하기 위해 살아가는 존재가 되었다.

광고 기획자인 나는 토요일 오전 10시에 카페에 앉아 있다. 노트북을 열고 다음 주 프레젠테이션을 준비한다. 친구에게서 문자가 왔다. "주말인데 뭐해? 영화 볼래?" 나는 바로 거절한다. "미안, 일 좀 해야 해." 친구가 묻는다. "너는 항상 일하네. 안 쉬어?" 나는 대답한다. "쉬고 싶지. 근데 쉬면 뒤처져." 나는 진심이다. 쉬는 것은 사치다. 경쟁자들은 쉬지 않는다. 내가 쉬는 동안 누군가는 더 나은 기획안을 만들고 내가 주말을 즐기는 동안 누군가는 승진한다. 나는 멈출 수 없다. 그래서 나는 몸도 마음도 자주 피곤하다. 아침에 일어나기 힘들고 집중력이 떨어지고 작은 일에도 짜증이 난다. 하지만 끝은 보이지 않는다.

나를 끊임없이 움직이는 것은 무엇인가? '살아남고 싶다'는 의지다. 쇼펜하우어는 "이 의지가 모든 존재를 끊임없이 살아 움직이게 한다"고 했다. 현대 사회에서 살아남는다는 것은 경쟁에서 이기는 것을 의미한다. 우리는 멈추면 뒤처진다는 것을 본능적으로 안다. 그래서 우리는 주말에도, 밤에도, 휴가 중에도 계속 움직인다. 우리를 움직이는 것은 열정이 아니라 낙오에 대한 두려움이다. 쉰다는 것은 어느새 죄책감이 되었고, 멈춘다는 것은 낙오로 여겨지게 되었다. 그리고 이러한 생존 본능이 현대 사회에서는 피로의 구조로 나타난다. 그래서 우리는 피곤하다. 하지만 가끔은 멈출 줄 알아야 한다. 우리는 의지를 잠시 멈추는 것이 다시 인간성을 회복하는 시간이라는 것을 알아야 한다. 쉬는 것은 나약함이 아니고 멈추는 것은 낙오가 아니다. 사실 내가 잠시 멈추어도 나의 성과, 회사 업무는 그대로 돌아간다. 그리고 그 시간에 오히려 쉬고 나면 우리는 더 창의적이고, 더 생산적이 될 수 있다. 이제 자신의 의지를 다르게 사용해 보자. 경쟁하기 위해서가 아니라, 살아가기 위해서. 그리고 그것이 진짜 우리가 추구하는 삶이다.

철학적 해석이 필요한 단어

drive A to ~ : A를 ~로 이끌다
being : 존재
persist : 지속하다
act : 행동하다

029

당신의 목표 체중은?
– 통제의 대상이 된 몸

[**The human body is nothing but objectified will.**]
인간의 몸은 '객관화된 의지'에 지나지 않는다.

우리의 몸은 의지가 물질로 드러난 형태다. 오늘날 가장 쉽게 생각해 볼 수 있는 것이 피트니스 문화와 자기 관리이다. 사람들은 건강을 이유로 운동하지만, 그 이면에는 '더 완벽해지고 싶은 욕망'이 있다. 헬스장, 다이어트, 식단 등은 살아가려는 의지의 표현이자, 통제의 욕망이다. 하지만 그 욕망이 지나치면, 몸은 더 이상 자유가 아니라 감시의 대상이 된다. '건강해야 한다'는 명령은 결국 또 다른 형태의 억압이 된다.

나는 매일 아침 체중계에 오른다. 숫자를 확인한다. 58kg. 목표는 52kg. 아직 6kg이 남았다. 나는 6개월 동안 다이어트를 했다. 아침은 샐러드, 점심은 닭가슴살, 저녁은 거른다. 매일 헬스장에서 1시간씩 러닝머신, 웨이트, 필라테스를 한다. 나의 하루는 '몸 관리'로 채워져 있다. 인스타그램에 운동 인증을 올린다. "오늘도 완료! #다이어트 #오운완 #자기관리". '좋아요'가 쌓인다. 댓글이 달린다. "대단해요!" "부러워요!" 나는 뿌듯하다. 하지만 동시에 불안하다. '내일도 해야 해. 멈추면 안 돼.' 어느새 나는 몸의 모든 부분을 합격과 불합격, 만족과 불만족으로 평가한다. 나의 몸은 더 이상 내 자신이 아니라, 평가받는 대상이 되었다. 매일 체중계 숫자에 일희일비한다. 0.5kg 빠지면 기뻐하고, 0.5kg 찌면 절망한다. 나의 자존감은 체중계 숫자에 달려 있다.

쇼펜하우어는 "인간의 몸은 객관화된 의지에 지나지 않는다"라고 했다. 우리의 다이어트는 무엇의 표현인가? '살고 싶다'는 의지의 표현이다. 하지만 여기서 '살고 싶다'는 것은 단순히 생존이 아니라, '더 나은 삶'을 의미한다. 우리는 날씬한 몸이 더 나은 삶을 가져다준다고 믿는 것이다. 우리의 몸은 우리의 의지가 단순히 물질로 드러난 것이다. 52kg이라는 목표는 그저 숫자가 아니라, 우리가 원하는 삶의 상징이 되어 버렸다. 그래서 어느덧 우리는 무엇을 먹을지, 언제 운동할지, 얼마나 잘지 우리의 몸을 통제하게 된다. 모든 것을 계획하고 관리한다. 이것은 자유인가, 아니면 억압인가? 우리는 자유롭게 선택한다고 생각한다. 하지만 실제로는 사회의 기준에 맞춰 자신을 통제하고 있다. 이제 우리의 몸은 더 이상 자유가 아니라 감시의 대상이 된다. 몸이 의지의 표현이라면, 진짜 건강은 몸을 관리하는 게 아니라 이해하는 것이다. 몸의 한계를 인정하는 것은 포기가 아니라, 인간으로서의 균형을 깨닫는 일이다. 몸에는 자신만의 균형이 있다. 그 균형을 존중하는 것이 진짜 건강이다. 완벽한 몸보다, 의지를 조화롭게 다루는 마음이 더 건강하다. 그리고 그것이 진짜 자기 관리다.

철학적 해석이 필요한 단어

nothing but : 오직
objectified : 물건처럼 대상화 된

030

'괜찮아요' 병
– 감정과 본능

> **Each part of the body expresses**
> **a particular volition.**
>
> 몸의 각 기관은 특정한 의지를 표현한다.

몸의 각 기관은 '특정한 의지'를 표현한다. 손은 잡고 싶어 하고, 눈은 보고 싶어 하며, 입은 말하고 싶어 한다. 이 말은 인간의 감정이 단순한 정신 현상이 아니라, 신체적 의지의 움직임임을 뜻한다. 우리가 화가 나면 주먹이 쥐어지고, 불안하면 심장이 빨라지는 것도 그 때문이다. 감정은 '몸의 언어'이며, 의지는 그 언어를 말하게 하는 힘이다. 그러므로 감정을 인정한다는 건 비이성적인 게 아니라, 인간의 본질을 존중하는 일이다.

나는 오늘도 미소를 짓는다. 고객이 화를 낸다. "왜 이렇게 느려요? 내가 몇 번째 말하는데!" 나는 차분하게 대답한다. "죄송합니다. 시스템 문제로 조금 지연되고 있습니다. 금방 처리해드리겠습니다." 기어이 고객은 거친 말을 쏟아 내며 계속 불평한다. 하지만 나는 계속 미소 짓는다. 회사 매뉴얼에 따르면, 직원은 항상 친절해야 한다. 짜증을 내서도 안 되고 화를 보이면 더욱 안 된다. 감정을 숨겨야 한다. 하지만 나의 몸은 반응한다. 스스로 주먹이 저절로 쥐어진다. 심장이 빨리 뛰고 목소리가 분노에 떨리기 시작한다. 그러나 나는 이 신호들을 무시한다. '참아야 해. 프로답게 행동해야 해.' 의지는 표현되지 못하고 몸속에 갇힌다. 피곤하고, 화가 나고, 억울하다. 하지만 아무에게도 말하지 않는다.

쇼펜하우어는 "몸의 각 기관은 특정한 의지를 표현한다"고 했다. 즉, 인간의 감정이 단순한 정신 현상이 아니라, '신체적 의지의 움직임'이라는 의미이다. 현대 사회는 감정을 이성으로 통제하려 하지만, 감정은 사라지지 않는다. 오히려 억눌린 감정은 몸의 통증이나 불면으로 돌아온다. 그리고 그것이 쌓이다 보면 병이 된다. 이제 자신의 몸을 들을 줄 알아야 한다. 우리는 어깨가 긴장하면 '내가 지금 스트레스를 받고 있구나'라고 알아차린다. 심장이 빨리 뛰면, '내가 지금 불안하구나'라고 인정한다. 눈물이 나오면 참지 않고 그냥 운다. 몸의 신호는 우리가 살아 있다는 증거이며 의지가 작동하고 있다는 증거다. 우리는 더 이상 몸과 싸우지 않고 몸과 함께 살아가야 한다. 우리의 몸은 우리에게 진실을 말한다. 우리는 이제 그 목소리를 듣고 그것을 존중해야 한다. 이것이 진짜 건강이다.

철학적 해석이 필요한 단어

each part of~ : ~의 각 부분
express : 표현하다
a particular volition : 특정한 선택, 의지

DAY

031

고기는 그냥 음식이잖아
– 동물권과 인간의 책임

> **Will manifests in all of nature,
> not only in man.**
>
> 의지는 인간뿐 아니라, 자연 전체에 드러난다.

오늘날 우리는 동물을 '먹거리'나 '소유물'로만 보지만, 그들도 인간처럼 고통을 느끼고 의지를 표현한다. 공장식 축산, 동물 실험, 멸종 위기의 종 등은 인간이 자기중심적 욕망으로 다른 의지를 짓밟는 결과다. 그런데 인간의 고통과 동물의 고통은 다르지 않다. 둘 다 같은 '살고자 하는 의지'의 몸부림이다. 기술이 발전할수록, 우리는 생명 자체를 효율로 재단하려는 유혹에 빠진다.

나는 오늘도 점심으로 삼겹살을 먹는다. 모처럼 동료들과 회식 자리다. 고기가 지글지글 익는다. 상추에 고기를 싸서 먹는다. 맛있다. 나는 이 고기가 어디서 왔는지는 생각하지 않는다. 축산 시장에서 산 것? 아니면 경매에서 낙찰받은 것? 나에게 고기는 그냥 음식이다. 포장되고 가공되고 요리된 상품일 뿐이다. 동료가 말한다. "역시 삼겹살이 최고야!" 모두가 웃으며 고개를 끄덕인다. 아무도 이 고기가 살아 있는 돼지였다는 것을 떠올리지 않는다. 어느 날 나는 다큐멘터리를 봤다. 공장식 축산의 실태를 다룬 프로였다. 좁은 우리에 갇힌 돼지들, 평생 움직이지 못하는 닭들, 새끼를 빼앗긴 소들을 보고 나는 충격을 받았다. 그날 이후 고기를 먹어도 혹시 이 돼지나 닭, 소가 그렇게 길러진 것이 아닌가 의심하게 되었다.

쇼펜하우어는 "의지는 인간뿐 아니라, 자연 전체에 드러난다"고 말했다. 돼지도 애초 '살고 싶다'는 의지를 가지고 있다. 모든 동물이 이 의지를 가지고 있다. 그들은 고통을 피하고 싶어 하고, 편안함을 원하고, 살아남으려 한다. 쇼펜하우어에 따르면, 이 의지는 인간의 것과 본질적으로 다르지 않다. 우리가 살고 싶어 하는 것처럼, 돼지도 살고 싶어 한다. 우리가 고통을 싫어하는 것처럼, 돼지도 고통을 싫어한다. 의지는 종을 구분하지 않는다. 내가 먹는 고기의 대부분은 공장식 축산에서 온다. 효율을 위해 동물은 기계처럼 다뤄진다. 최소 공간에 최대 개체를 넣고 빠른 성장을 위해 항생제와 호르몬을 투여한다. 고통은 고려되지 않는다. 오직 생산성만 중요하다. 연간 수십 억 마리의 동물이 이렇게 사육되고 도축된다. 그들의 의지는 아무도 신경 쓰지 않는다. 한 생명을 함부로 다루는 건 의지 그 자체를 모독하는 일이다.

모든 사람이 채식주의자가 될 필요는 없다. 하지만 최소한 우리가 먹는 것이 무엇인지 어떤 과정을 통해 길러지는지 인식할 필요는 있다. 우리가 이것을 인식할 때, 우리는 조금 더 동물에 대해 책임 있는 선택을 할 수 있을 것이다.

철학적 해석이 필요한 단어

will : 의지
manifest : 드러나다
all of nature : 자연 전체
not only : ~뿐 아니라
man : 인간

032

신이 노하신 게 아닙니다
– 자연 재해와 인간의 오만

> **Natural forces are the lowest grades**
> **of objectified will.**
>
> 자연의 힘은 대상화된 의지의 가장 낮은 단계다.

중력, 바람, 파도, 번개 같은 자연의 힘도 의지의 한 형태다. 즉, 자연은 단순한 배경이 아니라 살아 움직이는 존재다. 그런데 인간은 오랫동안 자연을 '정복해야 할 대상'으로 여겨 왔다. 댐을 세우고, 산을 깎고, 바다를 메우며, 자연의 질서를 인간의 욕망에 맞추려 했다. 그 결과가 바로 기후 재난, 홍수, 폭염, 대지진 같은 자연의 반격이다. 의지의 힘은, 인간이 통제할 수 있는 것이 아니다. 더욱이 자연의 의지는 인간의 욕망보다 훨씬 더 오래, 더 강하게 존재해 왔다. 우리는 기술로 세상을 바꿨지만, 그 대가로 자연의 분노를 불러왔다.

나는 토목 엔지니어로서 대형 개발 프로젝트를 주로 담당한다. 산을 깎아 아파트 단지를 짓는 일이다. 나는 설계도를 보며 자부심을 느낀다. "이 산은 쓸모가 없었어. 여기 이제 5천 세대가 들어설 거야. 경제적 가치가 엄청나지." 중장비가 산을 마구 깎는다. 수백 년 자란 숲이 며칠 만에 사라져도 나는 개의치 않는다. "개발이란 원래 그런 거야. 오히려 방치된 자연을 인간에게 유용하게 만드는 거야." 1년 후, 아파트가 완공되었다. 분양은 성공적이었고 나는 회사로부터 보너스를 받았다. 그해 여름, 100년 만의 폭우가 왔다. 하루만에 1년 치 비가 쏟아졌다. 지금은 산을 깎아 아파트 단지가 된 곳에서 산사태가 일어났다. 흙과 돌이 쏟아져 내렸다. 아파트 지하 주차장이 물에 잠겼다. 주민들은 대피했다. 다행히 인명 피해는 없었지만, 재산 피해는 수십 억에 달했나. 나는 충격을 받았다. "설계는 완벽했는데…" 하지만 전문가들은 말했다. "산을 깎으면서 자연 배수로를 막았습니다. 물이 갈 곳이 없었어요."

쇼펜하우어는 "자연의 힘은 대상화된 의지의 가장 낮은 단계"라고 했다. 중력, 바람, 물의 흐름 등 이 모든 것은 자연의 의지다. 물은 낮은 곳으로 흐르려는 의지를 가지고 있고 산은 무너지지 않으려는 의지를 가지고 있다. 이것은 단순한 물리 법칙이 아니라, 자연이 존재하는 방식이다. 그 움직임에는 방향이 있고, 힘이 있고, 의지가 있다. 우리가 깎은 산은 수백만 년 동안 그 자리에 있었다. 비가 오면 나무들이 물을 머금고, 흙이 물을 걸렀고, 자연 배수로가 물을 내려보냈다. 하지만 우리는 그것을 무시하고 그 완벽한 시스템을 파괴했다. 일부 개발업자들은 자연을 "쓸모없는 것"으로 본다. 하지만 자연은 쓸모가 없는 게 아니라, 인간이 그 쓸모를 이해하지 못한 것이다. 개발을 하지 말자는 것이 아니다. 자연의 질서를 존중하면서 개발해야 한다는 것이다. 인간 또한 자연의 주인이 아니라 자연의 일부라는 사실을 잊지 말아야 한다.

철학적 해석이 필요한 단어

natural forces : 자연의 힘
the lowset grades : 이성이 개입하지 않은 가장 기본적인 단계
objectified will : 대상화된 의지, 객관화된 의지

033

직업이 어떻게 되세요?
- 인간 가치 왜곡

> The grades of objectification correspond
> to Platonic Ideas.
>
> 의지의 객관화 단계는 플라톤의 이데아들과 일치한다.

의지는 여러 단계로 세상에 드러난다. 즉, 돌처럼 단단한 존재로도, 사람처럼 생각하는 존재로도 나타난다. 그건 '의지'의 다양한 모습일 뿐이다. 이 생각은 오늘날의 사회 구조를 비추는 거울이기도 하다. 현대 사회는 '직업', '재산', '학력'으로 인간의 가치를 구분한다. 우리는 서열 속에서 타인을 판단하고, 자신을 비교한다. 그러나 이는 단지 의지의 '형태'가 다를 뿐 본질은 모두 같다는 의미를 망각한 것이다. 그 결과 인간의 의지는 '존재의 힘'이 아니라 '경쟁의 도구'로 전락하게 되었다. 플라톤의 이데아가 변치 않는 본질을 의미하듯, 인간의 진정한 가치는 외형적 조건과 무관하다.

보통 모임에서 처음 만난 사람에게 흔히 묻는 질문이다. "직업이
어떻게 되세요?" 32세 프리랜서 디자이너인 나는 이 질문이 참 두
렵다. "프리랜서 디자이너요." 상대방의 표정이 미묘하게 변한다.
"아, 그러시구나." 톤이 달라진다. 관심이 식고 대화는 어색해진다.
나는 상대방이 지금 나를 평가하고 있다는 것을 안다. '프리랜서면
불안정 하겠네', '대기업도 아니고', '수입이 괜찮을까?'. 나의 가치
가 곧 직업으로 측정된다. 내가 어떤 사람인지, 무엇을 좋아하는지,
어떤 꿈을 가졌는지는 중요하지 않다. 오직 '무엇을 하는가'만 중요
하다.

쇼펜하우어는 "의지의 객관화 단계는 플라톤의 이데아들과 일
치 한다"고 말했다. 의지는 돌처럼, 식물처럼, 동물처럼, 인간
처럼, 다양한 형태로 세상에 드러난다. 각각은 다른 형태지만,
본질은 같다. 모두 '살고자 하는 의지'의 표현이다. 마찬가지로
인간도 다양한 형태로 존재한다. 의사, 예술가, 노동자, 주부
등 각각 직업과 하는 일은 다른 형태지만, 본질은 같다. 모두
'살고자 하는 의지'를 표현하는 인간이다. 하지만 현대 사회에
서 사람의 가치는 직업으로 결정되며 이 형태들에 서열을 매

긴다. 의사는 높고, 노동자는 낮다. 쇼펜하우어가 말한 "의지의 객관화 단계"가 현대에서는 "사회적 계층"이 되어 버렸다. 이것은 왜곡이다. 플라톤의 이데아가 변치 않는 본질을 의미하듯, 인간의 진정한 가치는 외형적 조건과 무관하다. 우리의 가치는 프리랜서든 대기업 직원이든 변하지 않는다. 모두 인간이고, 모두 살아가고 있고, 모두 의지를 표현한다. 직업은 외형일 뿐이고 본질은 그 안에 있는 인간이다. 우리는 모두 다른 방식으로 살아가지만, 본질은 같은 인간이라는 것을 기억할 때, 외형적인 직업이 아니라 내면적인 존재로서 서로를 존중할 수 있다.

철학적 해석이 필요한 단어

the grades of : ~의 단계
objectification : 객관화
correspond to : ~와 일치하다
Platonic ideas : 사물들은 불안정하지만, 그 사물들의 완전하고 이상적인 본질은 존재한다는 철학자 플라톤의 철학

034

완벽을 강요받는 시대
– 자기혐오

> **Individual beings are imperfect
> appearances of these Ideas.**
>
> 모든 개별적 존재들은 이러한 이데아의 완벽하지 않은 모습이다.

모든 존재는 완전하지 않은, 즉, 불완전한 의지의 표현이다. 이 말은 인간이 스스로 미워하지 않아도 된다는 의미이다. 현대인들은 끊임없이 비교 속에서 자신을 낮추고, '나는 부족하다'고 생각한다. 불완전함은 결함이 아니라 존재의 본질이다. 나의 실수, 나의 결점, 나의 부족함은 완성으로 향하는 과정이 아니라, 그 자체로 존재의 증거다. 그러므로 완벽하려고 하는 강박은 오히려 의지의 자연스러운 흐름을 막는다. 진정한 성장은 '완벽함의 획득'이 아니라, '불완전함의 수용'이다.

나는 오늘도 내 자신이 한심했다. 회의에서 발표를 망쳤다. 긴장해서 말을 더듬었고, 준비한 내용을 빠뜨렸다. 동료들 앞에서 부끄러웠다. 나는 자책한다. '나는 왜 이렇게 못하지? 왜 항상 실수하지? 나는 정말 무능해.' 퇴근 후에도 그 장면이 떠오른다. 잠들기 전까지 자신을 책망한다. '좀 더 준비했어야 했어. 좀 더 연습했어야 했어. 나는 왜 이렇게 부족하지?' 나는 정말 완벽하지 못한 내 자신이 싫다.

쇼펜하우어는 "모든 존재는 완전하지 않은 모습이다"라고 했다. 나의 실수는 내가 무능해서가 아니다. 인간이 원래 불완전하기 때문이다. 긴장하고, 실수하고, 망치는 것은 인간의 자연스러운 모습이다. 완벽한 인간은 없다. 우리는 모두 불완전한 의지의 표현이다. 그럼에도 현대인들은 끊임없이 비교 속에서 자신을 낮추고, 스스로 부족하다고 생각한다. 그리고서는 지금은 부족하지만, 언젠가 완벽해질 거라고 보통 마음먹는다. 그러나 굳이 완벽해질 필요는 없다. 실수하지 않으려고, 부족하지 않으려고 하다보면 그 강박이 인간을 더 긴장하게 만든다. 실수를 두려워하면 더 실수하게 되고 부족함을 숨기려하면 더 부족하게 느껴진다. 나의 불완전함은 그 자체로 존재의 증거이며 그것으로 충분하다. 세상은 불완전한 사람들로 가

득하며 애초 우리 또한 모두 불완전한 존재다. 그 불완전함이
우리를 인간으로 만든다. 실수하고, 넘어지고, 다시 일어나는
것, 그것이 삶이다. 자신을 미워할 필요가 없다. 늘 자신을 용
서하고 불완전한 자신을 사랑할 수 있다는 것 그것이 진짜 자
기애다.

철학적 해석이 필요한 단어

individual beings : 개별적 존재들
imperfect : 완벽하지 않은
appearances : 모습

우리 vs 그들
– 분열되는 사회

[**The essence of will is endless conflict.**
의지의 본질은 끊임없는 투쟁이다.]

살고자 하는 마음은 늘 다른 욕망과 부딪힌다. 그 갈등이 바로 삶의 모습이다. 우리는 욕망 때문에 경쟁하고, 두려움 때문에 싸운다. 국가 간의 전쟁, 세대 간의 대립, 계층 간의 분노 등은 같은 의지의 서로 다른 형태다. 이 끝없는 투쟁도 의지의 본성이다. 즉, 갈등은 비정상이 아니라, 인간이 존재하는 방식 그 자체다. 그러나 인류는 아직 그 싸움을 '이기려는 전쟁'으로만 해석한다. 철학적으로 보면, 싸움의 목적은 승리가 아니라 '이해의 확장'이어야 한다. 의지의 충돌을 멈출 수는 없지만, 그 방향을 바꿀 수는 있다.

퇴근 후 나는 매일 저녁 정치 토론 프로그램을 본다. 여당과 야당 의원이 격렬하게 싸운다. 서로 소리를 지르고, 비난하고, 상대방을 적으로 몬다. 시청하던 나는 답답하다. '왜 저렇게 싸우기만 하지? 왜 대화를 못 하지?' 하지만 나 자신도 다르지 않다. 나는 특정 정당을 지지한다. 반대편은 "적"이다. 나는 내 자신이 지지하는 정당의 뉴스만 본다. 반대편의 말은 듣지 않는다. '저들은 틀렸어. 우리만 옳아.' 나는 자신이 객관적이라고 생각하지만, 실제로는 한쪽 편에 서 있다. 현대 사회는 갈등으로 가득하다. 진보와 보수, 남성과 여성, 기성세대와 청년 세대, 정규직과 비정규직. 모든 곳에서 "우리 vs 그들"의 구도가 펼쳐진다. 서로를 이해하려 하지 않는다. 오직 자신의 입장만 옳다고 주장한다. 상대방은 설득의 대상이 아니라 제거의 대상이다. 사회는 점점 더 분열된다.

쇼펜하우어는 "의지의 본질은 끊임없는 투쟁"이라고 했다. 정치만 봐도 보통 우리는 자신이 지지하는 정당이 집권하기를 원한다. 그것이 자신의 가치관, 자신의 이익과 맞기 때문이다. 하지만 반대편 지지자도 자신의 정당이 집권하기를 원한다. 그것이 그들의 가치관, 그들의 이익과 맞기 때문이다. 두 의지는 충돌한다. 서로 양보할 수 없다. 하나가 이기면 하나는 진다. 이 충돌은 피할 수 없다. 의지의 본질이기 때문이다. 둘 다

"살고자 하는 마음"이기 때문이다. 더 나은 사회에서 살고 싶고, 자신의 권리를 보호하고 싶고, 자신의 가치를 실현하고 싶다. 하지만 그 욕망이 서로 다른 방향을 향한다. 그래서 부딪힌다. 의지는 싸움 속에서 자신을 드러내지만, 오직 지혜 속에서만 그 폭력을 초월할 수 있다. 우리는 이제 알아야 한다. 정치 토론이 전쟁일 필요는 없다. 서로 다른 의지가 충돌할 때, 우리는 선택할 수 있다. 상대를 제거하려 할 것인가, 아니면 상대를 이해하려 할 것인가. 전자는 폭력이고, 후자는 지혜다. 의지의 본질은 끊임없는 투쟁이다. 하지만 우리는 그 투쟁을 어떻게 할지 선택할 수 있다. 파괴적으로 할 것인가, 건설적으로 할 것인가.

철학적 해석이 필요한 단어

the essence of will : 의지의 본질
endless conflict : 끝이 없는 투쟁

036

단돈 9,900원!
– 저렴함 뒤에 숨은 대가

> ## Lower forms are always sacrificed to higher forms.
> 더 낮은 단계의 존재는 언제나 더 높은 단계의 존재에게 희생된다.

대기업의 이익 뒤에는 하청 노동자의 피로와 저임금이, 소비자의 편리함 뒤에는 누군가의 눈물과 노동이 있을 수 있다. 우리가 먹는 음식, 입는 옷, 사용하는 전자제품 등은 누군가의 희생 위에 만들어진 결과물일 수 있다. 생태계에서도, 사회에서도 이 '희생의 사슬'은 이어진다. 인간의 진보가 누군가의 고통 위에 세워져 있다면, 그것은 진보가 아니라 반복된 착취다. 진정한 발전은 누군가의 희생을 줄이는 방향으로 나아갈 때 비로소 그 이름을 가질 수 있다.

나는 주로 특정 패스트 패션 브랜드에서 옷을 산다. 여기는 티셔츠 한 장이 9,900원이다. 너무 싸서 부담이 없다. 나는 한 번에 옷을 여러 벌 산다. 입을 때마다 세탁하고, 몇 번 입고 버린다. 9,900원이니까 아깝지 않다. 하지만 나는 이 티셔츠를 누가 만들었는지 모른다. 방글라데시의 한 공장에서 18세 소녀가 하루 12시간 일하며 이 티셔츠를 만든다. 그 소녀의 하루 임금은 2달러다. 환기도 안 되는 공장에서 재봉틀 앞에 앉아 똑같은 동작을 반복한다. 그 소녀도 나처럼 꿈이 있다. 하지만 가난 때문에 학교를 그만두고 공장에 왔다. 나의 9,900원 뒤에는 그 소녀의 하루 12시간이 있다.

쇼펜하우어는 "낮은 단계의 존재는 언제나 더 높은 단계의 존재에게 희생된다"고 했다. 예를 들어 일부 배송기사는 대기업의 이익을 위해 건당 800원을 받으며 하루 300개를 나른다. 쇼핑몰은 "빠른 배송"을 자랑하지만 그 시스템의 밑바닥에서 누군가는 무너진다. 방글라데시 공장 노동자는 패스트패션 브랜드의 저가 전략을 위해 희생된다. 하루 12시간 일하고 2달러를 받는다. 브랜드는 "합리적 가격"을 자랑한다. 하지만 그 가격의 밑바닥에서 누군가는 착취당한다. 우리가 먹는 음식, 입는 옷, 사용하는 전자제품 등은 대개 누군가의 희생 위에 만들어진 결과물일 수 있다. 문제는 우리가 이 질서를 당연한 자연법칙으로 착각한다는 것이다. 이익을 극대화하기 위해, 비용을 최소화하기 위해, 누군가를 희생시키도록 설계된 시스템. 우리는 이것을 "효율", "경쟁력", "시장 논리"라고 부르며 정당화한다. 낮은 단계의 존재는 언제나 더 높은 단계의 존재에게 희생되지만 우리는 이 질서를 바꿀 수 있다. 조금 느려도, 조금 비싸도, 누군가의 희생을 줄이는 방향으로 선택할 수 있다. 그러면 세상이 조금 덜 잔인해질 수 있지 않을까.

철학적 해석이 필요한 단어

lower : 좀 더 낮은, 지배받는
form : 종류, 유형
be sacrificed to ~ : ~에게 희생되다

037

영원히 채워지지 않는 마음
– 결핍의 욕망

> **All desire arises from deficiency and suffering.**
> 모든 욕망은 결핍과 고통에서 비롯된다.

원하는 게 있다는 선, 지금 가진 게 부족하다는 뜻이다. 그래서 욕망은 늘 고통을 품고 있다.

이 단순한 문장은 현대 소비사회의 정체를 꿰뚫는다. 우리는 행복해서 무언가를 사는 게 아니라, 불안해서 산다. 새로운 옷, 스마트폰, 화장품 등은 결핍의 상징이자 불안에 대한 위로다. 광고는 우리의 욕망을 자극해서, 결핍을 새로 만들어 낸다. '당신은 아직 완전하지 않다'는 메시지가 끊임없이 반복된다. 현대인은 욕망을 충족시키려 소비하지만, 그 소비는 더 큰 공허를 낳는다.

오늘도 온라인 쇼핑몰 사이트를 연다. 새로운 가방이 눈에 띈다. 예뻐서 갖고 싶다. 나는 장바구니에 담는다. 하지만 멈춘다. '난 이미 가방 5개나 있는데…' 나는 옷장을 연다. 가방들이 줄지어 있다. 작년에 산 가방, 재작년에 산 가방 모두 대부분 한두 번 쓰고 방치했다. 나는 살 때마다 생각한다. '이 가방만 있으면 완벽해질 거야. 내 스타일이 완성될 거야.' 하지만 사고 나면 곧 실망한다. 여전히 뭔가 부족하고 여전히 불만족스럽다. 그리고는 또 다른 가방이 눈에 들어온다. 끝없는 반복이다. 그런데 왠지 가방을 원할 때마다 마음속 한편으로는 불안하고 고통스럽다. '저게 없어서 나는 불완전해.' 사기 전까지 나는 불편함이 계속된다. 계속 그 가방만 생각한다. 다른 일에 집중하지 못한다.

쇼펜하우어는 "모든 욕망은 결핍과 고통에서 비롯된다"고 했다. 우리가 새 가방을 원하는 것은 행복해서가 아니다. 뭔가 부족하다고 느끼기 때문이다. '내 스타일이 완성되지 않았어', '다른 사람들만큼 멋지지 않아', 이 부족함이 욕망을 만든다. 욕망은 만족의 표현이 아니라 결핍의 신호다. 그래서 욕망은 늘 고통을 품고 있다. 우리는 무언가를 원할 때 고통스럽다. 사기 전까지 우리는 여전히 불안하다. 계속 그것만 생각하며 다른 일에 집중하지 못한다. 리뷰를 찾아보고, 가격을 비교하고, 언제

살지 고민한다. 욕망 자체가 이미 고통이다. 광고는 우리의 욕망을 자극해서, 결핍을 새로 만들어 낸다. 광고를 보고 나면 내가 가진 것이 부족하게 느껴진다. 사실 우리는 원래 결핍이 없었다. 광고가 우리에게 결핍을 심어 준 것이다. 우리 모두는 같은 함정에 빠져 있다. 그러나 욕망은 채워지지 않는다. 한 욕망을 충족하면 다음 욕망이 생긴다. 진짜 풍요란, 더 가지는 게 아니라 더 이상 필요하지 않다고 느끼는 마음에서 비롯된다. 그러면 진짜 풍요를 알게 된다. 필요 없다고 느끼는 자유, 이미 충분하다고 믿는 평화, 그것이 진짜 부자다.

철학적 해석이 필요한 단어

desire : 욕망
arise : 유발되다
deficiency : 결핍
suffering : 고통

038

드디어 승진했는데
– 일시적 성취의 허상

> **Satisfaction removes pain for a moment,
> not true happiness.**
>
> 만족은 고통의 일시적 중단일 뿐, 행복 그 자체가 아니다.

원하던 걸 얻으면 기쁘지만, 금세 또 다른 욕망이 생긴다. 성취
는 순간이고, 평온은 짧다.

시험 합격, 승진, 상금 등은 잠깐의 쾌락을 준 뒤, 다시 더 큰
불안을 불러온다. 만족은 고통을 잠시 멈추게 할 뿐, 진짜 행복
이 되지는 않는다. 현대 사회는 이를 모른 척하고 '끊임없는 성
취'를 이상화한다. 성취의 쾌감은 중독처럼 작동한다. 그러나
그것들은 얻는 순간 희미해지고, 우리는 더 큰 목표를 찾게 된
다. 그렇게 인간은 무한한 사다리를 오르며 스스로 소모한다.

나는 드디어 팀장으로 승진했다. 5년을 기다렸다. 야근하고, 주말에 일하고, 휴가도 반납했다. 모든 것을 바쳤다. 승진 발표 날, 나는 너무 기뻤다. "드디어 내가 해냈어!" 동료들이 축하해줬다. 가족도 자랑스러워했다. 나는 그날 밤 잠을 설쳤다. 너무 기뻤다. 하지만 일주일이 지나자 곧 이상한 감정을 느꼈다. '이게 다야?' 5년 동안 이 순간을 꿈꾸면서 팀장이 되면 행복할 줄 알았다. 하지만 지금 나는? 여전히 불안하고, 여전히 부족하고, 이제는 더 큰 목표가 보인다. 임원. '그래, 임원이 되면 진짜 행복할 거야.'

쇼펜하우어는 "만족은 고통의 일시적 중단일 뿐, 행복 그 자체가 아니다"고 말했다. 내가 승진 전에 느낀 것은 무엇인가? 고통이다. '승진 못 하면 어떡하지?', '나는 부족한 게 아닐까?', '동료들에게 뒤처지는 거 아닐까?' 하는 이러한 고통들이 5년 동안 나를 괴롭혔다. 승진이 이 고통을 멈췄다. 하지만 진짜 행복은 오지 않았다. 만족은 고통을 잠시 멈추게 할 뿐, 진짜 행복이 되지는 않는다. 현대 사회는 이를 모른 척하고 끊임없는 성취를 이상화한다. 대리로 승진했을 때 기뻤지만 곧 과장이 되고 싶었다. 과장이 되었을 때도 기뻤지만 곧 팀장이 되고 싶었다. 이제 팀장이 되었다. 하지만 곧 임원이 되고 싶다. 한 번의 쾌감은 다음 성취를 갈망하게 만든다. 그리고 이것은 점차 중독처럼 작동한다. "조금만 더"라는 말은 이 시대의 가장 세련된 고통이다. 조금만 더 노력하면, 조금만 더 달성하면, 조금만 더 가지면. 하지만 "조금만 더"는 끝이 없다. 항상 다음이 있다. 행복은 다음 목표에 있지 않다. 지금 여기, 멈춘 순간에 있다. 더 이상 달리지 않을 때, 더 이상 증명하지 않을 때, 그냥 그대로 존재할 때, 그때 비로소 진정한 행복이 있다.

철학적 해석이 필요한 단어

satisfaction : 만족
remove : 제거하다
pain : 고통
for a moment : 잠시

좋아요 1,000개!
– 인정에 대한 욕망

> ## Once a desire is fulfilled,
> ## another immediately arises.
>
> **하나의 욕망이 충족되면, 새로운 욕망이 바로 뒤따른다.**

욕망은 하나가 채워지면 곧 다른 욕망을 낳는다. 남에게 인정받고 싶어 하는 욕망이야 말로 현대인이 가진 가장 보편적인 욕구다. 좋아요 수, 팔로워, 조회수 등 하나의 목표가 채워지는 순간, 우리는 곧 더 큰 숫자를 원하게 된다. 인간의 인정 욕망은 결코 끝나지 않는다. 우리는 타인의 시선을 통해 존재를 확인하고, 비교 속에서 자신을 잃는다. 이 무한한 순환이 인간의 고통을 유지하는 구조다. '나보다 잘난 사람'을 보며 불행해하고, '나보다 못한 사람'을 보며 안도한다. 그 자체가 욕망의 사슬이다.

나는 오늘도 인스타그램에 사진을 올린다. 카페에서 찍은 브런치 사진. 각도를 열 번 바꿔 찍고, 필터를 다섯 개 시도했다. 완벽하다. 업로드! 5분마다 휴대폰을 확인한다. '좋아요'가 몇 개 늘었나? 댓글이 달렸나? 30분 만에 좋아요 100개. 기쁘다. 1시간 만에 300개. 더 기쁘다. 하지만 지난번 게시물은 1,000개였다. 나는 불안하다. '왜 적게 나왔지? 사진이 별로였나?' '더 예쁘게, 더 완벽하게, 더 많은 좋아요'를 받을 수 있도록 다음 사진을 계획한다. 나는 쉴 수 없다. 멈추면 구독자가 줄어든다. 알고리즘은 밀어주다가도 금방 버린다. 그래서 나는 끊임없이 달린다.

쇼펜하우어는 "하나의 욕망이 충족되면, 새로운 욕망이 바로 뒤 따른다"고 했다. 나는 처음에 좋아요 100개가 목표였고, 달성했다. 하지만 곧 300개가 목표가 되었다. 달성했다. 하지만 곧 500개, 1,000개가 목표가 되었다. 끝이 없다. '몇 명은 되어야 제대로 인정받는 거야!'라고 늘 생각하지만 숫자는 늘 부족하다. 항상 더 큰 숫자가 눈에 들어온다. 욕망은 스스로 증식한다. 우리가 SNS를 하는 이유는 무엇인가? 인정받고 싶어서다. '나는 가치 있는 사람이야', '나는 멋진 삶을 살아', '사람들이 나를 좋아해' 같은 마음에 있어서 '좋아요'는 인정의 증거다. 하지만 그 인정은 채워지지 않는다. 오늘 1,000개를 받아도 내일은 더 받아야 한다. 멈추면 사람들이 잊기 때문이다. 하지만 많이 받으면 가치 있는 사람, 적게 받으면 가치 없는 사람을 의식하며 살다가 우리야말로 자신을 잃게 된다. 초심으로 돌아가 보자. '나는 왜 SNS를 시작했지? 돈이나 유명세가 아니라, 좋아하는 것을 나누고 싶어서가 아니었을까?' 조회수가 나올 만한 영상이 아니라, 자신이 진짜 만들고 싶은 영상을 만들어 보자. 구독자 증가 속도는 느려도 어느새 다른 만족을 느낄 것이다. 자신을 잃지 않았으니까. 숫자의 노예가 되지 말자. 자신이 주인이다. 진짜 행복은 타인의 인정이 아니라, 자기 자신에 대한 확신에서 온다. 이것이 진짜 평온한 해방이다.

철학적 해석이 필요한 단어

once : 일단 ~ 하면
desire : 욕망
be fulfilled : 채워지다
another : 또 다른
immediately : 즉시
arise : 발생하다

040

나만 힘든 게 아니었구나
– 고통을 인정하는 용기

〚 **Hence, life is essentially suffering.** 〛
그러므로 인생은 본질적으로 고통이다.

살아 있다는 건, 원하고, 실망하고, 또 다시 기대하는 일의 반복이다. 그러므로 삶의 본질은 고통이다. 이 말은 절망처럼 들리지만, 사실은 현실에 대한 깊은 이해다. 오늘날의 정신의학이 말하는 불안, 우울, 번아웃 등은 삶이 본래 가진 무게를 증명한다. 문제는 고통 그 자체가 아니라, '고통이 없어야 한다'는 사회적 강박이다. 행복이 표준이 된 사회에서, 슬픔은 실패로 간주된다. 하지만 철학적으로 보면, 고통은 살아 있다는 가장 확실한 증거다.

결국 심리상담소 앞에 섰다. 3개월 동안 고민했다. '상담을 받아야 하나? 나는 그렇게 약한 사람이 아닌데.' 하지만 더 이상 견딜 수 없었다. 아침에 일어나기 힘들고, 일에 집중하지 못하고, 밤에는 불안해서 잠들지 못한다. 나 자신에게 화가 났다. '왜 나만 이래? 다들 잘만 사는데.' SNS에 있는 친구들은 다들 행복해 보인다. 웃고 있고, 즐기고 있고, 성공하고 있다. 나만 우울하고, 지치고, 무너지는 것 같다. '나는 실패자야.' 나는 문을 열고 들어간다. 상담사가 나에게 묻는다. "어떻게 지내세요?" 나는 대답한다. "힘들어요. 매일 힘들어요. 왜 이렇게 힘든지 모르겠어요." 상담사는 고개를 끄덕인다. "힘든 게 당연해요." 순간 나는 놀랐다. '당연하다고?' 상담사는 설명한다. "삶은 원래 힘들어요. 당신만 힘든 게 아니에요. 모두가 힘들어요. 다만 그걸 숨기고 있을 뿐이죠." 갑자기 눈물이 났다. 처음으로 누군가 내 고통을 인정해 줬다. '나만 힘든 게 아니었구나. 나만 이상한 게 아니었구나.'

쇼펜하우어는 "인생은 본질적으로 고통이다"고 말했다. 우리가 느끼는 힘듦은 이상한 게 아니고 오히려 살아 있다는 증거다. 우리는 더 나은 삶, 더 행복한 관계, 더 안정적인 미래를 원하지만 일은 힘들고, 관계는 복잡하고, 미래는 불확실하다. 원하는 것과 현실 사이의 괴리, 그것이 고통이다. 그러나 이 고통은 삶의 실패가 아니라 삶의 본질이다. 살아 있는 한, 우리는 원하고, 실망하고, 또 원한다. 계속 그럴 것이다. 만약 우리가 아무것도 느끼지 못한다면 그것이 더 무서운 것이다. 이것이 인생이다. 그 과정이 본질적으로 고통스러울 뿐이다. 다만 삶이 본질적으로 고통이므로, 희망이 없다는 것은 아니다. 고통이 삶의 일부라는 걸 인정하면, 고통을 덜 두려워하게 된다. 고통이 왔을 때 '내가 뭘 잘못했지?'가 아니라 '이것도 삶이구나'라고 받아들일 수 있다. 완벽한 행복을 추구하지 말자. 대신 고통과 함께 사는 법을 배우자. 그리고 그것을 받아들일 때, 우리는 비로소 평화를 찾을 수 있는 것이다.

철학적 해석이 필요한 단어

hence : 그러므로
essentially : 본질적으로
suffering : 고통

041

번아웃
– 사라진 욕망

> If desire fails, we suffer; if it succeeds,
> we grow bored.
>
> 욕망이 좌절되면 고통스럽고, 성취되면 권태가 찾아온다.

인간은 욕망을 이루지 못하면 고통스럽고, 이루어지면 곧 지루해진다. 우리는 끊임없이 '다음'을 향해 달린다. 합격하면 취업, 취업하면 결혼, 결혼하면 승진, 승진하면 또 그다음 목표가 생긴다. 우리는 늘 무언가를 '채우려는 중'에 살아간다. 하지만 결국, 이 모든 성공의 끝에는 이상하리만큼 깊은 허무가 남는다. 우리는 목표를 잃으면 쓰러지고, 이루어도 허전하다. 그래서 진짜 쉼은 '다음'을 찾는 게 아니라, 지금의 빈자리를 그대로 인정하는 일이다. 삶은 채워야 할 것이 아니라 감당해야 할 여백이다.

나는 전업주부다. 나의 목표는 아이를 잘 키우는 것이었다. 아이는 명문대에 입학했다. 나는 결국 해냈다. 하지만 이제 아이는 기숙사에 산다. 집은 텅 비었다. 나는 이제 무엇을 해야 할지 모른다. 20년 동안 아이가 삶의 중심이었다. 아이를 먹이고, 재우고, 공부시키고. 그게 나의 정체성이었다. 하지만 이제 아이는 독립했다. 나는 빈 집에 혼자 앉아 있다. '나는 이제 뭐지? 나는 누구지?' 나는 공허하다. 목표를 달성했지만, 그다음이 없다.

쇼펜하우어는 "욕망이 좌절되면 고통스럽고, 성취되면 권태가 찾아온다"고 했다. 우리는 끊임없이 다음을 향해 달렸다. 우리에게는 결혼, 출산, 육아, 아이 교육, 항상 다음 단계가 있었다. 하지만 이제 아이는 독립했다. 이제 내게는 '다음'이 없다. 이러한 모든 성공의 끝에는 이상하리만큼 깊은 허무가 남는다. 번아웃은 사실 피로가 아니라, 욕망의 순환 구조가 멈춘 자리에 오는 정지감이다. 그것이 지나치면 우울증 증상까지 보인다. 하지만 약을 먹어도 나아지지 않는다. 왜? 이러한 우울은 화학적 불균형이 아니기 때문이다. 욕망이 사라졌기 때문이다. 20년 동안 나를 움직인 것은 '아이를 잘 키우고 싶다'는 욕망이었다. 그 욕망이 달성되자 나도 멈췄다. 다음 욕망이 없다. 그래서 공허하다. 그래서 이럴 때 우리는 딜레마에 빠진다. 목표가 있을 때는 고통스럽다. 달성하지 못할까 봐 불안하다. 하지만 목표를 달성하면 허전하다. 이제 뭘 하지? 쇼펜하우어에 따르면, 이것은 해결할 수 없는 문제가 아니라 인간 존재의 조건이다. 우리는 늘 이 사이에서 산다. 이 진리를 빨리 받아들여야 한다. 그 사이에 우리의 평온도 있다.

철학적 해석이 필요한 단어

---

desire : 욕망
fail : 실패하다, 좌절하다
succeed : 성공하다
grow bored : 권태롭게 되다

042

매일이 일요일
– 은퇴 후의 시간

⟦ **Human life swings between pain and boredom.**
인간의 삶은 고통과 권태 사이를 오가는 진자와 같다. ⟧

인간은 힘들 때는 괴롭고, 편해지면 지루하다. 그래서 인간은
늘 움직이며 의미를 찾으려 한다. 젊을 때의 고통은 할 일이 많
아서 오고, 늙어서의 고통은 할 일이 없어서 온다. 노년의 외로
움은 단순한 고독이 아니라, 의지의 힘이 줄어들며 생긴 공백
이다. 그러나 그 공백을 지루함으로만 보면 삶은 더 고통스러
워진다. 지루함은 새로운 형태의 자유다. 즉, 욕망의 굴레가 잠
시 멈춘 시간이다. 삶이 고통과 지루함을 오가는 건 '살고자 하
는 의지'가 아직 남아 있기 때문이다.

68세인 나는 작년에 은퇴했다. 40년을 회사원으로 살았다. 매일 아침 7시에 일어나 출근했다. 바쁘게 일하고, 회의하고, 보고서 쓰고. 힘들었다. 그때는 이렇게 생각했다. '은퇴하면 편할 거야. 쉬면서 여유롭게 살 거야.' 하지만 지금 나는? 매일이 일요일이다. 할 일이 없다. 아침에 일어나도 갈 곳이 없다. TV를 보고, 산책하고, 다시 TV를 본다. 저녁이 되면 나는 더 허전하다. '오늘 하루도 아무것도 안 했네.' 나는 은퇴 전에는 바빠서 고통스러웠다. 하지만 은퇴 후에는 할 일이 없어서 더욱 고통스럽다. 편해졌지만 행복하지 않다.

쇼펜하우어는 "인간의 삶은 고통과 권태 사이를 오가는 진자와 같다"고 했다. 그 둘 사이를 오가는 것이 인간의 삶이다. 우리는 처음에는 은퇴 후 시간을 '지루함'으로 봤다. 할 일이 없어서 지루하다. 그래서 억지로 일거리를 찾는다. 동호회에 가입하고, 아르바이트를 시작하고, 여행 계획을 세운다. 하지만 뭔가 모르게 여전히 허전하다. 왜? 지루함을 채우려고만 했기 때문이다. 쇼펜하우어는 다르게 말한다. 지루함은 문제가 아니라 기회다. 지루함은 욕망의 굴레가 잠시 멈춘 시간이다. 지루함을 느끼는 것은 아직 살아 있기 때문이다. 아직 무언가를 원하고, 무언가를 느끼고, 무언가를 경험하고 싶어 하기 때문이다. 그래서 외로움은 죽음이 아니라 생명의 신호다. 노년의 평화는 움직임의 부재가 아니라 의지의 고요한 휴식이다. 더 이상 큰 목표를 세우지 말고 대신 작은 순간을 즐겨 보자. 아침 산책, 아내와의 대화, 손주의 전화, 이것으로 충분하다. 그 고요함 속에서 인간은 비로소 존재의 균형을 배운다. 우리는 평생 불균형 속에 살았다. 너무 바쁘거나, 너무 한가하거나, 고통스럽거나, 지루하거나 사이를 반복했다. 하지만 이제 균형을 찾았다. 움직임과 정지 사이, 욕망과 평온 사이, 이 사이 어딘가에 평화가 있다는 것을 이해하자.

철학적 해석이 필요한 단어

human life : 인간의 삶
swing : 진자 추처럼 둘 사이를 왔다 갔다 하다
between A and B : A와 B 사이
pain : 고통
boredom : 권태, 지루함

DAY

043

생각 많은 사람의 무게
- 사유의 고통

[
**The more intelligent the being,
the more deeply it suffers.**

지성이 높을수록, 더 많은 고통을 자각한다.
]

생각이 깊은 사람일수록 세상의 어두운 면을 볼 수 있고 세상의 부조리와 인간의 허위를 더 민감하게 본다. 타인의 둔감함은 그들에게 상처가 되고, 세상의 무관심은 그들에게 고독이 된다. 세상을 이해하는 능력은 동시에 세상을 견디는 고통이다. 이 고통은 저주가 아닌 '인식의 대가'다. 예술가의 눈물, 철학자의 우울, 시인의 침묵 등은 모두 그들이 세계를 너무 깊이 본 결과다. 그러나 그 고통 속에서만 진짜 아름다움이 태어난다. 생각이 깊은 자의 고통은, 단지 슬픔이 아니라 존재의 예민한 증거다. 그들은 더 많이 아파하지만, 그만큼 더 진실하게 산다.

28세 소설가인 나는 카페에 앉아 사람들을 관찰한다. 옆 테이블의 커플이 다투고 있다. 남자는 휴대폰만 보고, 여자는 화가 나 있다. 나는 그들의 관계가 보인다. 소통의 부재, 쌓인 서운함, 곧 이어지는 이별. 가슴이 아프다. 모르는 사람들인데 아프다. 거리를 걷다 노숙자를 본다. 지나가는 사람들은 무관심하다. 하지만 나는 멈춘다. '저 사람도 누군가의 자식이었겠지. 어떻게 여기까지 왔을까?' 슬프다. 세상이 너무 잔인하다. 친구들은 말한다. "너는 왜 그렇게 예민해? 좀 둔해져봐." 하지만 나는 둔해질 수 없다. 보이는 것을 못 본 척할 수 없다. 느껴지는 것을 안 느낄 수 없다.

쇼펜하우어는 "지성이 높을수록, 더 많은 고통을 자각한다"고 말했다. 나는 카페의 커플을 보며 그들의 고통을 본다. 보통 사람들은 그냥 지나가기가 쉽다. 신경 쓰지 않는다. 하지만 내 눈에는 그들의 외로움, 좌절, 슬픔이 보인다. 나의 지성이 그것을 감지한다. 그래서 아프다. 나는 뉴스를 보며 구조적 문제를 본다. 보통 사람들은 '원래 그런 거지' 하며 그냥 받아들인다. 하지만 내 눈에는 시스템의 모순, 권력의 부당함, 미래의 위험 등이 보인다. 나의 지성이 그것을 분석한다. 그래서 나는 무력하다. 많이 아는 것이 축복이 아니라 짐이다. 많이 아는 사람은 세상의 어두운 면도 함께 본다. 그래서 더 민감하고, 더 아프다. 그러므로 타인의 둔감함은 오히려 그들에게 상처가 되고, 세상의 무관심은 그들에게 고독이 된다. 주변 친구들은 연예인, 쇼핑, 맛집 등 가벼운 이야기만 한다. 그래서 그런 사람들에게는 잘 끼지 못한다. 너무 깊은 이야기를 꺼내면 친구들은 불편해한다. "왜 그렇게 무겁게 생각해?" 나는 곧 상처받는다. 나의 진지함은 환영받지 못한다. 하지만 이러한 고통은 저주가 아닌 인식의 대가이다. 예민함은 문제가 아니라 그들의 재능이다. 스스로 예민함을 받아들여야 한다. 그것은 저주가 아니라 선물이기 때문이다. 그리고 그 고통 속에서만 진짜 아름다움이 태어난다.

철학적 해석이 필요한 단어

The more~, the more ~ : ~하면 할수록, 더 ~하다
intelligent : 지능이 있는
the being : 존재
deeply : 깊게, 심오하게

044

세대 간 욕망의 충돌과
사회적 비극

[**Will is the root of all life's tragedy.**

의지는 삶의 모든 비극의 근원이다.]

의지는 본래 선하지도 악하지도 않다. 다만 살아가려는 힘일
뿐이다. 그러나 그 힘이 서로 다른 욕망으로 변할 때, 세상은
끊임없이 상처를 만든다. 오늘날 심각한 세대 갈등을 보자. 부
모는 자식을 위해 희생하며, 자식은 부모의 기대 속에서 버겁
게 살아간다. 둘 다 '사랑'이라는 이름의 의지를 따르지만, 그
방향이 달라질 때 비극이 생긴다. 사회 전체도 마찬가지다. 정
치, 경쟁, 이념, 모든 충돌은 '살고자 하는 의지'가 다른 형태로
부딪치는 일이다. 사람들이 서로의 욕망을 이해하지 못하면,
사랑도 전쟁이 된다. 세대 간의 갈등을 멈추려면, 서로의 의지

를 꺾는 대신 '다른 방식의 생존'을 인정해야 한다.

나는 요즘 부모님과 주말마다 싸운다. 주제는 늘 같다. 결혼. 어머니는 말한다. "네 나이면 결혼 생각해야지. 엄마는 너 걱정돼서 그래." 나는 대답한다. "아직 결혼하고 싶지 않아요. 제 인생이잖아요." 아버지가 끼어든다. "엄마가 너 잘되라고 하는 말이지 않니." 나는 화가 난다. "잘되라고요? 제가 원하지도 않는 걸 강요하는 게 제가 잘되는 거예요?" 대화는 언제나 여기서 끝난다. 부모는 섭섭해하시고, 나는 죄책감을 느끼고, 결국 아무것도 해결되지 않는다. 둘 다 서로를 사랑한다. 하지만 그 사랑이 상처를 만든다.

슈펜하우어는 "의지는 삶의 모든 비극의 근원이다"고 했다. 나의 부모는 의지가 있다. '자식이 행복하게 살았으면 좋겠다'는 의지. 나도 의지가 있다. '내 방식대로 살고 싶다'는 의지. 둘 다 정당하다. 하지만 방향이 다르다. 부모는 안정을 원하고, 나는 자유를 원한다. 이 의지의 충돌이 비극을 만든다. 비극은 악한 의지에서 오는 게 아니라 서로 다른 의지의 충돌에서 온다. 세대 간의 갈등을 멈추려면, 서로의 의지를 꺾는 대신 다른 방식의 생존을 인정해야 한다. 부모는 자식의 의지를 꺾으려 하지 않는 대신 '우리와 다른 방식이지만, 저 아이도 나름대로 잘 살고 있다'라고 인정해 보자. 자식도 부모의 의지를 비난하지 않는 대신 '부모님은 나를 사랑하시는 거다. 다만 표현이 다를 뿐이다' 라고 이해해 보자. 서로의 의지를 이해할 때, 비극은 화해가 될 수 있다.

철학적 해석이 필요한 단어

the root : 근원, 근본
tragedy : 비극

045

사라지지 않는 것들
– 유산에 대한 자세

[**The individual perishes, but will itself never dies.**]

개인은 죽지만, 의지 자체는 사라지지 않는다.

개인은 사라지지만, 의지는 결코 죽지 않는다. 다시 말해 육체
는 사라져도, 그 마음과 뜻은 다른 사람에게 이어진다. 이 말은
단순히 영혼의 불멸이 아니라, 존재의 연속성에 대한 철학이
다. 우리가 죽은 뒤에도 우리가 남긴 말, 행동, 사랑, 기억은 다
른 사람 속에 남는다. 부모의 의지는 자식의 삶 속에 이어지고,
스승의 의지는 제자의 사유 속에 남는다. 현대의 장례문화, 기
부, 예술 작품 등은 '나의 의지를 남기려는 시도'다. 그 의지가
선한 것이든, 이기적인 것이든, 세상은 그 영향 속에서 계속 움
직인다. 삶의 의미는 얼마나 오래 사느냐가 아니라, 어떤 흔적

을 남기느냐다.

아버지가 한 달 전에 돌아가셨다. 나는 아버지의 유품을 정리한다. 낡은 수첩을 펼친다. 아버지의 글씨가 있다. "아들에게 - 아빠가 못 다한 말들." 나는 눈물이 난다. 아버지는 말이 적은 분이었다. 사랑한다는 말도, 자랑스럽다는 말도 잘 하지 않으셨다. 하지만 수첩에는 적혀 있다. "네가 교사가 되어 기쁘다. 내가 못다 한 꿈을 이루었구나." 나는 몰랐다. 아버지도 교사가 되고 싶었다는 것을. 가난 때문에 포기했다는 것을. 그리고 나를 통해 그 꿈을 이루었다는 것을. 나는 깨닫는다. '아버지는 가셨지만, 아버지의 꿈은 내 안에 살아 있구나.'

쇼펜하우어는 "개인은 죽지만, 의지 자체는 사라지지 않는다"고 했다. 아버지의 육체는 사라졌지만 아버지의 의지는 남아 있다. '자식이 좋은 교사가 되기를 바란다'는 의지. 그 의지는 자식 안에서 살아 움직인다. 자식이 학생들을 가르칠 때마다, 아버지의 의지가 실현된다. 다시 말해 육체는 사라져도, 그 마음과 뜻은 다른 사람에게 이어진다. 이 말은 단순히 영혼의 불멸이 아니라, 존재의 연속성에 대한 철학이다. 아버지는 자식의 말투에 남아 있고, 자식의 행동에 남아 있고, 자식의 가치관에 남아 있다. 자식이 존재하는 한, 아버지도 존재한다. 인간의 의지는 계속된다. 우리 모두는 누군가의 유산을 살고 있다. 부모의 가르침, 스승의 지혜, 친구의 용기. 그들이 떠나도 그들의 영향은 남는다. 그것이 인간의 영원불멸한 의지다. 쇼펜하우어가 말한 "개인은 죽지만, 의지 자체는 사라지지 않는다"는 말이 삶과 죽음의 연속성을 정확히 설명한다. 우리가 죽음이 두렵지 않은 이유는, 우리가 모두 의지의 일부로서 계속 존재하기 때문이다.

철학적 해석이 필요한 단어

individual : 개인
perish : 소멸하다, 죽다
itself : 그 자체

046

아이를 낳을까 말까
– 출산과 부모의 희생

> **Will aims at species preservation,**
> **not individual happiness.**
>
> 의지는 개인의 행복보다 종(種)의 지속을 추구한다.

우리는 행복을 위해 산다고 믿지만, 사실 생명은 '계속 이어지기 위해' 움직인다. 아이를 낳고 기르는 부모는 종종 "내 인생은 끝났다"고 농담처럼 말한다. 하지만 그 말 속엔 또 다른 진실이 있다. 개인의 행복은 줄지만, 생명은 계속된다. 의지는 각자의 만족보다 '존재의 흐름'을 더 중요시한다. 부모의 희생은 단지 문화적 미덕이 아니라, 생명의 구조에 새겨진 본능적 흐름이다. 세상은 개인의 행복 위에 세워진 게 아니라, 다음 세대를 향한 생명의 의지로 유지되기 때문이다. 현대 사회가 출산율 하락을 걱정하는 이유도, 이 본능이 약화되었기 때문이다.

자식을 위해 자신을 포기하는 마음은, 쇼펜하우어가 말한 의지의 가장 고귀한 형태다. 그래서 부모의 희생은 인간 의지의 가장 숭고한 표현이다.

35세 직장인인 나와 남편은 2년째 아이를 낳을 것인가, 말 것인가 고민 중이다. 주변에서는 묻는다. "언제 아이 가질 거야?" 우리는 대답하기 어렵다. 솔직히 말하면, 아이를 낳고 싶지 않다. 나는 지금이 행복하다. 좋아하는 일을 하고, 여행을 다니고, 취미를 즐기는 생활이 편하다. 주말에는 늦잠 자고, 맛집을 찾아다니고, 영화를 본다. 자유롭다. 하지만 아이가 생기면 이 모든 게 사라진다. 밤잠 설치고, 경력은 단절되고, 지금 누리는 자유도 없어진다. 주변 친구들이 말했다. "아이 낳고 나면 내 인생은 끝이야. 다 아이 인생이지." 그래서 우리는 더욱 두렵다. '내 행복을 포기해야 하나?'

쇼펜하우어는 "의지는 개인의 행복보다 종의 지속을 추구한다"고 했다. 우리 같은 부부가 아이를 낳지 않으려는 이유는 명확하다. 개인의 행복을 지키기 위해서다. 하지만 우리 안에는 또 다른 충동도 있다. 아이를 보면 마음이 이상하게 움직인다. 길에서 아이를 보면 귀엽고 친구의 아이를 안으면 묘한 감정이 든다. 우리는 이 감정을 이해하지 못한다. '나는 아이를 원하지 않는데, 왜 이런 감정이 드는 거지?' 쇼펜하우어에 따르면, 이것은 종의 지속을 위한 의지다. 개인의 의식은 아이를 원하지 않지만, 생명의 의지는 계속되기를 원하기 때문이다. 부모의 희생은 단지 문화적 미덕이 아니라, 생명의 구조에 새겨진 본능적 흐름이다. 부모들은 왜 희생할까? 사회가 강요해서? 아니다. 본능이다. 아이가 울면 피곤해도 일어난다. 아이가 아프면 자고 싶어도 밤새 깨어 있다. 이것은 선택이 아니라 본능이다. 이것이 종을 지속시키려는 의지다. 우리의 부모님도 우리를 위해 희생했다. 할머니도 우리 부모님을 위해 희생했다. 아이가 태어나면 없을 때 보다 행복하지 않을 지도 모른다. 하지만 의미를 느낄 수 있다. 내가 이 생명을 위해 존재한다는 것, 내 희생이 이 아이의 생명이 된다는 것, 이것이 고귀하다. 쇼펜하우어가 말한 의지의 가장 숭고한 형태다.

철학적 해석이 필요한 단어

aim at ~ : ~를 목표로 하다, 추구하다
species : 종(생물 분류의 기초 단위)
preservation : 보존

047

같은 뿌리, 다른 가지
– 집단 갈등

> # All individuals are one and
> # the same will in conflict with itself.
> 모든 개체는 하나이자 동일한 의지지만, 자기 자신과 투쟁하며 살아간다.

모두 하나의 생명에서 나왔지만, 욕망이 달라서 부딪힌다. 그래서 세상엔 싸움과 경쟁이 있다. 이 말은 현대 사회의 갈등 구조를 그대로 설명한다. 사람들은 자신이 더 옳다고 믿지만, 사실 같은 본능을 다른 방향으로 표현하고 있을 뿐이다. 즉, 우리는 서로 다른 존재로 보이지만, 근원적으로는 하나의 생명, 하나의 욕망이다. 그러므로 전쟁과 혐오, 경쟁 등은 하나의 거대한 의지가 결국 자신과 싸우는 장면이다. 그 싸움을 멈추는 유일한 방법은 '상대도 나와 같은 의지의 일부'임을 깨닫는 것이다. 서로를 이기려는 게 아니라, 이해하려 할 때 의지는 고통이 아니라 성장하게 된다.

내 여자 친구는 대학교 페미니즘 동아리에서 활동한다. 그런데 캠퍼스에서 남학생들과 늘 충돌한다. 여학우 라운지를 만들자는 제안에 남학생들이 반발한다. "왜 여자만? 그럼 남학우 라운지도 만들어야지." 여자 친구는 화가 났다. "여성은 역사적으로 차별받았어. 이건 보상이야." 남학생들은 이해하지 못한다. "그건 과거야. 지금은 우리도 힘들어." 대화는 평행선이다. 늘 내 여자 친구는 남학생들을 "기득권"이라고 부른다. 남학생들은 그런 내 여자 친구를 "극단주의자"라고 부른다. 같은 캠퍼스, 같은 나이, 하지만 서로 이해하지 못한다. 왜?

쇼펜하우어는 "모든 개체는 하나의 동일한 의지지만, 서로 투쟁하며 살아간다"고 했다. '인정받고 싶다', '차별받지 않고 싶다', '공정한 대우를 받고 싶다', 이건 모두 같은 의지다. 하지만 그 의지가 충돌한다. 여학생들은 여성의 권리를 통해, 남학생들은 남성의 입장을 통해, 같은 근원이지만 다른 표현을 쓴다. 그래서 싸운다. 그렇기에 더욱 내 여자 친구는 페미니즘 집회에서 '우리는 함께 싸운다' 라는 굳은 연대감을 느낀다. 하지만 반대 집회도 열린다. 남성들도 자신들의 입장을 주장한다.

같은 열기, 같은 확신이지만 서로 방향이 반대다. 하지만, 이렇게 우리가 나뉘어 싸우는 건 결국 서로가 아니라 우리 안의 갈등 때문이다. 여성과 남성은 같은 세대, 같은 고민, 같은 불안을 가지고 있다. 다만 해결책이 다를 뿐이다. 이것은 성별 전쟁이 아니라 우리 세대의 자기 분열이다. 사실 내 여자 친구는 여성으로서 차별받을까 봐 두렵다. 남학생들도 마찬가지로 두렵다. 남성으로서 역차별을 당하게 될까 봐 두렵다. 이건 같은 두려움이다. 하지만 서로를 적으로 본다. 같은 의지가 자신과 싸우고 있는 것이다. 그 싸움을 멈추는 유일한 방법은 상대도 나와 같은 의지의 일부임을 깨닫는 것이다. 같은 세대의 다른 목소리로 봐야 하는 것이다. 여성의 권리를 위해 지지하던 페미니즘을 철회 하라는 것이 아니다. 하지만 이제 남성의 고민도 이해해 봐야 한다. 우리는 서로 싸우지만, 결국 하나다. 그리고 그것을 이해할 때, 싸움은 대화가 된다.

철학적 해석이 필요한 단어

one and the same will : 하나이자 동일한 의지
conflict with : ~와 투쟁
itself : 자기 자신

봉사와 공감의
인간적 가치

> **Suffering is the truest expression of will.**
>
> 고통이야말로 의지의 가장 진실한 표현이다.

힘들어도 계속 버티는 건, 살고 싶다는 뜻이다. 즉, 고통은 포기의 반대말이다. 행복은 잠시 스쳐 지나가지만, 고통은 인간의 깊은 본성을 드러낸다. 오늘날 봉사와 공감, 연대의 순간들은 이것을 증명한다. 남의 아픔에 눈물 흘릴 수 있는 이유는, 우리 안에도 같은 의지가 있기 때문이다. 고통 속에서만 우리는 '살아 있음'을 가장 뚜렷이 느낀다. 전쟁터에서 환자의 손을 잡는 의사, 아이를 위해 희생하는 부모, 가족처럼 동물을 돌보는 사람 등 그들은 모두 고통 속에서 의지를 드러낸다. 공감은 타인의 고통을 함께 짊어지는, 의지의 윤리적 형태다. 인간다움은 즐거움이 아니라, 함께 아파할 수 있는 능력에서 나온다. 고통을 두려워하지 않고 마주하는 순간, 의지는 단순한 생존을 넘어 사랑으로 변한다.

간호사인 나는 밤 근무 중이다. 중환자실에 85세 할머니가 누워 있다. 말기 암이다. 가족은 없고 혼자다. 할머니는 밤마다 더 고통스러워하신다. 그럴 때마다 나는 할머니의 손을 잡는다. "괜찮으세요. 제가 여기 있어요." 할머니는 나의 손을 꽉 쥔다. 근데 이상하게 자꾸 눈물이 난다. 퇴근 후 나는 생각한다. '왜 저 할머니를 보면 눈물이 날까? 내가 왜 이렇게 힘들까?' 간호사가 된 지 10년이다. 수없이 많은 환자를 봤다. 하지만 여전히 아프다. 환자의 고통이 자신의 고통처럼 느껴진다. 나는 묻는다. '이렇게 힘든데 나는 왜 이 일을 계속할까?'

쇼펜하우어는 "고통이야말로 의지의 가장 진실한 표현이다"고 했다. 내가 할머니의 손을 잡을 때, 나는 무엇을 느끼는가? 그것은 할머니의 고통이다. 그리고 그 고통은 가짜가 아니다. 가장 진실하다. 할머니는 행복한 척하지도 웃는 척하지도 않는다. 솔직한 그 진실이 나를 움직인다. 고통은 의지의 가장 순수한 형태다. 할머니는 고통스럽지만 버틴다. 왜? 살고 싶기 때문이다. 아직 포기하지 않았기 때문이다. 그 의지가 나에게 감동을 준다. '저 할머니는 혼자고, 늙고, 아프지만, 여전히 살고 싶어 하시는구나.' 고통은 약함이 아니라 생명의 증거다. 나는 간호사를 하면서 환자가 웃는 모습도 자주 본다. 치료가 잘 되어 퇴원하는 환자를 보면 기쁘다. 하지만 그 기쁨은 곧 잊힌다. 그러나 고통 받는 환자는 잘 잊히지 않는다. 혼자 우는 환자, 고통을 호소하는 환자, 가족 없는 환자, 그들이 오히려 나의 마음에 깊이 남는다. 고통이 더 진실하기 때문이다. 행복은 표면이지만, 고통은 본질이다. 고통이 더 깊은 진실을 담고 있다. 우리가 남의 고통에 눈물 흘릴 수 있는 이유는, 우리 안에도 같은 의지가 있기 때문이다. 그리고 그 의지는 곧 사랑으로 변한다. 그리고 그 사랑 때문에 타인의 고통을 보고, 함께 아파하고, 함께 버틴다. 그리고 우리는 그 고통 속에서 가장 진실하고 인간다운 자신을 발견한다.

철학적 해석이 필요한 단어

suffering : 고통
the truest : 가장 진실한
expression : 표현

DAY
049

휴식의 정의
– 미니멀리즘과 욕망의 절제

> **To be freed from suffering,
> we must negate or suspend the will.**
> 고통으로부터 해방되려면 의지를 부정하거나 잠시 멈춰야 한다.

고통에서 벗어나려면 의지를 멈춰야 한다. 쇼펜하우어의 이
말은 현대인의 '미니멀리즘' 열풍과 깊이 닿아 있다. 우리는 돈,
명예, 물건, 관계 등 너무 많은 것에 끌려다닌다. 그러나 그 모
든 것은 결국 더 많은 욕망의 연료가 된다. 소유를 줄일수록 마
음이 가벼워지고, 욕망이 줄수록 삶은 단순해진다. 의지를 잠
시 멈춘다는 건 도망이 아니라, 자신을 회복하는 행위다.

어느날 나는 번아웃이 왔다. 10년을 쉬지 않고 달렸다. 프로젝트,
승진, 성과, 경쟁. 끝이 없었다. 어느 날 나는 무너졌다. 아침에 일어

날 수 없었다. 회사에 출근할 수 없었다. 의사가 쉬라고 해서 나는 휴가를 냈다. 일주일. 하지만 나는 막상 어떻게 쉬어야 하는지 쉬는 법을 몰랐다. 첫날부터 나는 뭘 해야 할지 몰라 불안했다. 휴대폰을 켜고 이메일을 확인하고 업무 메신저를 봤다. 여전히 일에 매여 있었다. 나는 그제서야 깨달았다. '나는 멈출 수 없구나. 계속 무언가를 해야 하는구나.'

쇼펜하우어는 "고통으로부터 해방되려면 의지를 부정하거나 잠시 멈춰야 한다"고 했다. 우리의 고통은 어디서 오는가? 의지에서다. '더 잘해야 해', '더 이루어야 해', '더 가져야 해'. 이 의지가 10년 동안 쉬지 않고 우리를 움직였다. 하지만 그 의지가 우리를 결국 무너뜨렸다. 의사가 쉬라고 말한 것은 단순한 휴식이 아니라 의지를 멈추라는 뜻이다. 더 이상 원하지 말고, 더 이상 달리지 말고, 잠시 멈추라는 뜻이다. 돈, 명예, 물건, 관계 등 너무 많은 것에 끌려다니지 말라는 것이다.

요새 유행하는 미니멀리즘은 거기에 기초를 한다. 마음이 덜 비워지면 물건을 줄인다. 그릇, 책, 장식품, 하나씩 버릴 때마다 숨이 쉬어진다. 집이 텅 비니까 마음도 텅 빈다. 좋은 의미로 여유가 생기고 삶이 단순해진다. 미니멀리즘의 목표는 물건을 줄이는 게 아니라 마음을 안정시키는 것이다. 물건이

적으니 욕망도 적고 욕망이 적으니 흔들림도 적다. 굳이 물건을 버리지 않더라도 스마트폰을 잠시 *끄고*, 말을 줄이더라도 조금씩 마음의 공간이 생긴다. 의지의 부정은 단순한 금욕이 아니라, 욕망과 나 사이에 거리를 두는 일이다.

철학적 해석이 필요한 단어

be freed : 해방되다
negate : 무효화하다, 효력 없게 하다
suspend : 중단하다

몰입의 순간
– 영적 해방의 가능성

> ## Salvation lies in the denial of the will to live.
> 구원은 '살고자 하는 의지'를 부정하는 데 있다.

욕망이 줄어들면, 세상은 더 조용하고 평화로워진다. 그게 바로 해방이다. 현대 사회는 끊임없이 '더 살아라', '더 이루어라', '더 가져라'라고 강요하지만, 진짜 해방은 그 목소리를 잠재우는 순간 찾아온다. 예술가가 창작에 몰입할 때, 수행자가 명상에 들 때, 인간은 욕망의 세계를 잠시 초월한다. 그 순간만큼은 더 얻으려는 의지가 아니라, 존재 자체로 충분한 평화가 흐른다.

나는 매일 아침 5시 30분에 명상을 한다. 5년째다. 나는 앉아서 눈을 감고 호흡을 한다. 처음에는 잡념이 많았다. '오늘 회의 준비를 해야 해', '저녁에 뭐 먹지', '돈이 부족한데'. 끝이 없었다. 하지만 매일 이것을 계속했다. 지금은 다르다. 완전히 호흡에 집중할 수 있다. '아, 생각이 왔구나. 가거라.' 하면 잡념이 간다. 다시 호흡. 들숨, 날숨을 반복한다. 그러면 어느 순간, 나는 사라진다. 47세 남자, 가장이라는 사람, 나의 문제, 나의 욕망이 모두 사라진다. 오직 호흡만 남는다. 고요하고 평화롭다. 30분이 지난 후 나는 눈을 뜨고 세상으로 돌아온다. 하지만 이제 나는 또 달라졌다. 더 가볍고 더 평온하다.

쇼펜하우어는 "구원은 살고자 하는 의지를 부정하는 데 있다"고 했다. 우리가 명상할 때, 우리의 의지는 어디 있는가? 잠든다. 모든 의지가 고요해진다. 우리는 그냥 의지 없이, 욕망 없이 숨 쉰다. 그 순간 우리는 평화롭다. 쇼펜하우어가 말한 구원이 이것이다. 의지가 멈추는 순간이다. 우리는 늘 '더 일해야해', '더 벌어야 해', '더 성공해야 해'라는 끝없는 사회적 압박에 시달렸지만 명상할 때만은 그 압박이 멈춘다. 사회가 뭐라고 하든 중요하지 않다. 그 순간만큼은 평화다. 예술가가 창작에 몰입할 때, 수행자가 명상에 들 때, 인간은 영적인 구원에 몰입하면서 욕망의 세계를 잠시 초월한다. 그 순간만큼은 더 얻으려는 의지가 아니라, 존재 자체로 충분한 평화가 흐른다. 의지의 부정은 죽음의 본능이 아니라 욕망 없는 깨어 있음이다. 의지를 부정한다고 해서 삶을 포기하는 것은 아니다. 오히려 더 깨어 있고 더 명료하다. 명상할 때 우리는 완벽하게 현재다. 과거의 후회도 없고 미래의 불안도 없다. 오직 지금, 욕망 없이 깨어 있는 순간, 우리는 자유롭고 우리는 세계와 하나 된 해방된 존재로 완전해진다.

철학적 해석이 필요한 단어

salvation : 구원
lie in : ~에 있다
denial : 부인, 부정
the will to live : 살고자 하는 의지

예술으로서의 세계

꽃은 시들지만,
'아름다움'이란 본질은 사라지지 않는다

051

예술이라는
피난처

> **Art is a temporary liberation**
> **from the painful domination of the will.**
>
> 예술은 고통스러운 의지의 지배에서 잠시 벗어나게 해 준다.

예술은 우리를 고통스러운 욕망으로부터 잠시 벗어나게 한다. 오늘날 미술관, 영화관, 음악 공연장은 단순한 오락 공간이 아니라, 사람들의 마음이 쉬어 가는 '피난처'다. 현대인은 하루 종일 목표와 효율에 쫓기며 살아간다. 하지만 그림 한 점, 노래 한 곡, 무대 한 장면이 그 쫓김을 멈추게 한다. 쇼펜하우어가 말한 '해방'은 현실 도피가 아니라 잠깐의 정지다. 그 정지 속에서 우리는 욕망을 잠시 잊고 '있는 그대로의 자신'을 느낀다. 예술 치료, 미술 수업, 공연 관람 등은 이런 해방의 순간을 현대적으로 실천하는 방식이다.

나는 금요일 저녁 영화관에 혼자 갔다. 이번 주도 지옥이었다. 야근에, 상사의 압박에, 끝없는 실적 관련 자료들, 나는 정말 지쳤다. 영화가 시작되고 불이 꺼진다. 영화를 보는 2시간 동안 나는 다른 세계에 있다. 주인공이 울면 나도 운다. 주인공이 웃으면 나도 웃는다. 그 순간 나는 자신을 잊는다. 과장인 나, 야근하는 나는 모두 사라지고 오직 스크린의 이야기만 남는다. 영화가 끝나고 불이 켜진다. 나는 눈물을 닦으며 느낀다. '이 2시간 동안 나는 자유로웠어.' 여전히 월요일이 기다리고 있다. 여전히 실적 자료들이 기다리고 있다. 하지만 나는 조금 가볍다. 숨을 쉴 수 있고 이제 다시 살아갈 수 있다.

쇼펜하우어는 "예술은 고통스러운 의지의 지배에서 잠시 벗어나게 해 준다"고 했다. 실제 수많은 사람들이 예술에서 쉰다. 영화, 그림, 음악, 공연. 그 순간만큼은 현실을 잊고 욕망도 잊는다. 그냥 느끼고 위로받는 것이다. 나에게 영화관은 오락이 아니라 생존이다. 일주일의 지옥을 버티게 하는 힘이다. 금요일 저녁 2시간의 휴식이 나를 다음 주로 가게 하는 것이다. 해방은 현실 도피가 아니라 잠깐의 정지다. 그 정지 속에서 우리는 욕망을 잠시 잊고, 있는 그대로의 자신을 느낀다. 영화가 끝나면 현실로 돌아간다는 것을 알고 있다. 하지만 영화를 보는 동안, 우리는 정지하고 욕망이 멈춘다. 그리고 우리는 욕망이 아닌 자신, 목표가 아닌 자신을 느낀다. 그냥 있는 그대로의 나를 느끼는 것이다. 예술은 인생의 문제를 해결하진 못하지만, 잠시 그 무게를 내려놓게 만든다. 예술 앞에서 의지가 멈추고, 욕망이 사라지고, 있는 그대로의 자신이 되는 그 순간, 우리는 잠시 쉰다. 그 짧은 쉼이 사람을 다시 살아가게 한다. 그래서 예술은 사치가 아니라, 인간이 살아남기 위한 숨이다.

철학적 해석이 필요한 단어

temporary : 잠시
liberation : 해방
painful domination : 고통스러운 지배

052

한국 영화는 어떻게 오스카를 받았을까?
- 경계를 넘는 감정

> The true object of all art is the Platonic Idea,
> the unchanging form of will's objectification.
>
> 모든 예술이 다루는 진정한 대상은 플라톤적 이데아,
> 즉, 의지가 구체화된 불변의 형식이다.

예술은 단순히 눈에 보이는 걸 그리는 게 아니라 그 뒤의 '마음'을 보여 준다. 좋은 영화가 국경을 넘어 감동을 주는 이유가 바로 여기에 있다. 사랑, 슬픔, 두려움, 용기 등 이런 감정들은 시대가 바뀌어도 변하지 않는다. 쇼펜하우어는 예술이 '현상'이 아닌 '본질'을 포착한다고 했다. 현대의 예술가들은 디지털 기술로 새로운 형식을 만들지만, 그 안에서도 여전히 같은 인간의 감정을 이야기한다. VR 전시나 AI 그림조차 결국 인간의 '느끼고자 하는 욕망'을 표현한다. 진짜 예술은 형식이 아니라, 마음의 공통점을 건드리는 일이다. 플라톤의 이데아가 시간의

변화를 초월하듯, 예술도 인간을 초월적 감정으로 연결한다.

나는 많이 회자되던 〈기생충〉을 본 적 있다. 물론 순수 한국 영화고 한국어로 말하는 한국의 이야기다. 하지만 미국에서도, 프랑스에서도, 브라질에서도, 전 세계가 감동을 받았다. 나는 늘 궁금했다. '왜? 왜 외국 사람들이 우리 영화에 공감할까?' 영화를 분석해 봤다. 빈부 격차, 계급 갈등, 가족의 생존, 매우 보편적이다. 영화가 다룬 것은 한국만의 문제가 아니라 인간의 문제였다. 미국 사람도 가난을 알고 프랑스 사람도 계급을 알며 브라질 사람도 생존을 안다. 영화 속 감정은 국경을 넘는다. 나는 비로소 깨닫는다. '좋은 예술은 특수한 것을 그리지만, 결국 보편적인 것을 건드리는구나.'

쇼펜하우어는 "모든 예술이 다루는 진정한 대상은 플라톤적 이데아"라고 했다. 〈기생충〉이라는 영화가 그린 것은 무엇인가? 표면적으로는 한국의 빈부 격차지만 본질적으로는 인간의 생존 욕구다. 가난한 사람은 살고 싶고 부자가 되고 싶고 인정받고 싶다. 이것은 이데아다. 세계를 초월한 인간의 본질. 그래서 전 세계가 공감한다.

〈기생충〉은 가난한 집과 부잣집을 보여 준다. 하지만 진짜 보여 주는 것은 가난한 사람의 마음, 부자의 마음, 그 안에서 생존하려는 마음, 지키려는 마음이다. 좋은 예술이 국경을 넘어 감동을 주는 이유가 바로 여기에 있다. 사랑, 슬픔, 두려움, 용기 등 이런 감정들은 시대가 바뀌어도 변하지 않는다. 예술은 현상이 아닌 본질을 포착한다. 그래서 좋은 예술은 특정 시간을 그리지만 영원을 담는다. 좋은 예술은 화려한 기술이 아니며 최신 트렌드가 아니다. 인간의 마음을 건드리는 것이다. 시대를 넘어, 국경을 넘어, 언어를 넘어 전해지는 감정, 그것이 이데아이며 그것이 본질이다.

철학적 해석이 필요한 단어

the true object : 진정한 대상
Platonic ideas : 사물들은 불안정하지만, 그 사물들의 완전하고 이상적인 본질은 존재한다
　　　　　　는 철학자 플라톤의 철학
unchanging form : 불변의 형식
objectification : 도구나 객체로 환원하는 행위

053

디자인과 상업 예술의
양면성

> ## The Idea lies behind individual things
> ## as their eternal essence.
>
> 이데아는 개별 사물 뒤에 영원하고 본질적인 형식으로 있다.
> 즉, 모든 사물 뒤에는 변하지 않는 본질이 숨어 있다.

꽃은 시들지만, '아름다움'이라는 본질은 사라지지 않는다. 그
게 바로 '이데아'다.

하지만 현대의 디자인 산업은 겉모습만 빠르게 바꾸는 데
몰두한다. 매 시즌 유행이 바뀌고, 소비는 새로움을 좇는다. 그
러나 진짜 아름다움은 유행이 아니라 '지속성'에서 온다. 본질
을 담지 못한 형식은 금세 사라진다. 명품의 진가는 가격이 아
니라, 형태 속에 담긴 '시간의 철학'이다. 사람들이 오래 사랑하
는 디자인에는 늘 단순하고 진실한 의도가 숨어 있다. 예술이
상품이 되더라도, 그 속의 '이데아'는 사라지면 안 된다.

제품 디자이너인 나는 새 컬렉션을 준비한다. 회사는 좀 더 트렌디하고 눈에 띄는 특별한 디자인을 주문한다. 나는 요즘 유행하는 화려한 색, 복잡한 패턴, 독특한 형태로 디자인한다. 상품이 출시되고 잘 팔리기 시작한다. 석 달 동안 팔린 후 그리고 잊힌다. 다음 시즌이 오면 유행이 지나서 아무도 그 제품을 찾지 않는다. 직접 디자인을 한 나는 허무하다. '내가 만든 건 3개월짜리 쓰레기구나.' 어느 날 나는 할머니 집에 갔다. 할머니는 하얀 사기그릇에 밥을 차려 주셨다. "할머니, 이 그릇 언제 산 거예요?" 내가 물으니 할머니께서 웃으시며 말씀하셨다. "50년 됐지. 네 엄마 어릴 때부터 썼어." 나는 그 말을 듣고 물끄러미 그릇을 본다. 단순하고 하얗고 투박하다. 하지만 아름답다. 50년이 지나도 촌스럽지 않다. '이게 진짜 디자인이구나.' 나는 비로소 깨닫는다.

쇼펜하우어는 "이데아는 개별 사물 뒤에 영원하고 본질적인 형식으로 있다"고 말했다. 할머니의 그릇은 하나의 개별 사물이다. 50년 전 어느 공장에서 만들어졌을 것이다. 하지만 그 그릇 뒤에는 이데아가 있다. '기능적 아름다움'이라는 이데아다. 그릇은 밥을 담아야 한다. 그러려면 적절한 크기, 적절한 깊이, 적절한 무게가 필요하다. 그것이 본질이다. 장식은 부차적이다. 이 본질이 50년을 버티게 한 것이다. 반면 내가 디자인한 이번 시즌 제품은 금방 시든다. 3개월 후 유행이 바뀌면 아무도 안 산다. 하지만 할머니 그릇은 50년이 지나도 시들지 않고 여전히 아름답다. 그것은 유행의 아름다움이 아니라 본질의 아름다움이기 때문이다. 현대의 디자인 산업은 겉모습만 빠르게 바꾸는 데 몰두한다. 매 시즌 유행이 바뀌고, 소비는 새로움을 좇는다. 해마다 새로운 색, 새로운 형태, 새로운 콘셉트, 끊임없는 변화를 추구하며 소비자도 새로움을 원한다. 소비자들은 이미 작년 제품은 관심 없다. 그러나 소비자들의 욕구만 좇는 디자인은 오래가지 못한다. 시간이 지나도 아름답고, 유행이 바뀌어도 의미 있고, 세대가 지나도 사랑받는 그런 디자인이야말로 진짜 제대로 된 디자인이다. 그것은 본질을 품고 있기 때문이다.

철학적 해석이 필요한 단어

lie behind : ~뒤에 있다
individual things : 개별 사물들
as : ~로서
eternal essence : 변하지 않는 본질

054

이성을 넘어선 순간
– 창작의 몰입 과정

> Art frees us from the principle
> of sufficient reason and lets us intuit
> the Idea directly.
>
> 예술은 우리로 하여금 세상의 충분이유율에서 벗어나
> 이데아를 직접적으로 직관하게 한다.

예술 앞에서는 '왜'라는 생각이 필요 없다. 그냥 느끼면 된다.
그게 진짜 '이해'다. 창작자가 작품에 몰입할 때, 그는 더 이상
'왜'라는 질문을 하지 않는다. 그 순간 예술가는 이성과 시간의
질서를 초월한다. 쇼펜하우어는 예술을 '이유의 법칙을 벗어난
직관'이라 불렀다. 현대의 모든 창작자들이 같은 몰입을 경험
한다. 그들이 계산을 멈추고 감각에 맡길 때 비로소 창의성이
태어난다. 예술은 논리가 아니라 존재의 깊은 울림이기 때문
이다.

조각가인 나는 작업실에서 새 작품을 준비한다. 콘셉트, 재료, 의미, 메시지등 기획서를 쓰고 모두 계획한다. 논리적이며 완벽하다. 하지만 손이 안 움직인다. 나는 나무를 보다 조각도를 든다. '어디서부터 시작하지?' 생각한다. '이 부분을 이렇게 깎으면 콘셉트가 드러나고…' 계산한다. 하지만 첫 칼을 못 넣는다. '왜 이렇게 해야 하지?' 라고 이유를 계속 생각하니까 답답하다. 어느 날 나는 기획서를 접고 그냥 시작한다. 이유 없이 칼을 나무에 대고 깎는다. 왜인지 모르겠지만 그냥 손이 움직인다. 생각이 멈추고 오직 나무와 칼과 손만 있다. 3시간이 지나서야 나는 멈춘다. 작품이 나왔다. 기획한 것과 다르지만 살아 있다. 나는 흠칫 놀란다.

'이게 어떻게 나온 거지? 나는 생각도 안 했는데.'

쇼펜하우어는 "예술은 우리로 하여금 세상의 충분이유율에서 벗어나게 한다"고 했다. 충분이유율은 모든 것에는 이유가 있다는 법칙이다. '왜', '어떻게', '무엇 때문에', 일상은 이 질문으로 가득하다. 어떤 작가들은 작품을 계획할 때 충분이유율에 갇힌다. '왜 이 형태여야 하지?', '이 조각의 의미는 뭐지?', '관객이 어떻게 이해하지?' 끊임없이 이유를 생각하니 손이 안 움직인다. 하지만 기획서를 버리고 그냥 작품을 만들 때는 충분이유율에서 벗어난다. 이유가 없고 왜인지 모르지만 그냥 한다.

그때서야 창작이 시작되는 경우가 많다. 예술 앞에서는 왜라는 생각이 필요 없고 느끼면 된다. 어느 날 나의 완성된 조각을 보는 사람들이 묻는다. "이 작품의 의미는 뭔가요?" 의미를 계획하지 않았던 나는 대답하기 어려웠다. 하지만 관객은 느낀다. 나무의 결, 형태의 흐름, 공간의 긴장. 정확한 이유는 모르지만 그냥 느껴진다. 그것이 진짜 이해다. 어느 순간 예술가는 이성과 시간의 질서를 초월한다. 작업하는 동안은 시간을 잊는다. 점심시간도 지나가고, 약속 시간도 지나가고, 그냥 시간이 사라진다. 과거도 없고 미래도 없고 오직 지금만 있다. 순수한 현재에서 이성도 사라진다. 논리, 계획, 이유, 모두 멈추고 오직 직관만 남는다. 이것이 초월이다. 직관으로, 생명으로 느끼고 만드는 것, 그것이 진짜 예술이다.

철학적 해석이 필요한 단어

free A from B : A를 B로부터 벗어나게 하다
the principle of sufficient reason : 충분이유율의 법칙
let us ~ : 우리를 ~ 하게 하다
intuit : 직관하다

055

사진 좀 그만!
– 관객과 창작자 사이의 순수한 감상

> **To perceive aesthetically, one must become the pure subject of knowledge.**
>
> 예술적 인식을 위해서 우리는 '순수한 인식의 주체'가 되어야 한다.
> 즉, 예술을 느끼려면 내 욕심과 생각을 내려놓아야 한다.

예술 작품을 볼 때 '잘 그렸네', '비싸겠네' 같은 생각이 들면 이미 예술과 멀어진다. 그냥 있는 그대로 느낄 때 비로소 예술이 열린다. 예술을 느끼려면 욕심과 판단을 내려놓아야 한다. 그러나 현대의 예술 소비는 '좋아요', '평점', '트렌드'로 가득하다. 이런 기준 속에서는 진짜 감동이 사라진다. 쇼펜하우어가 말한 '순수한 인식의 주체'란, 아무 이익도 계산도 없는 마음이다. 예술이 감동을 주는 순간은, 나와 세상의 경계가 사라지는 순간이다. 관객은 더 이상 '평가자'가 아니라 '참여자'가 되는 것이다. 진짜 감상은 소유가 아니라, 몰입이다.

친구와 콘서트에 갔다. 우리가 어릴 적부터 좋아하는 밴드다. 공연이 시작되고 친구는 휴대폰을 들고 영상을 찍는다. 처음부터 끝까지 전체 공연을 찍고, 오로지 화면을 통해서만 공연을 봤다. 공연이 끝나고 친구는 영상을 확인한다. 매우 흡족하게 잘 찍혔다. 그리고 바로 SNS에 올린다. "최고의 공연!" 하지만 친구는 공연을 경험하지 못했다. 휴대폰을 보느라 화면 너머로만 봤을 뿐 음악을 느끼지 못했다. 감동이 없고 기록만 있다. 다음 날 친구가 아쉬워하며 이렇게 말했다. '근데 내가 정말 거기 있었나? 왜 기억이 안 나지?'

쇼펜하우어는 "예술적 인식을 위해서 우리는 순수한 인식의 주체가 되어야 한다"고 했다. 순수한 인식의 주체란 욕심 없는 마음, 판단 없는 눈, 목적 없는 감각이다. 즉 그냥 보고, 그냥 듣고, 그냥 느끼는 것을 말한다. 친구가 콘서트에서 음악을 들을 때, 순수한 주체였을까? 아니다. 친구는 콘서트 자체를 즐기기보다 목적이 따로 있었다. '모처럼 콘서트인데 영상을 잘 찍어야지', '이걸 SNS에 올려야지', '친구들에게 자랑해야지' 그런 의도때문에 기록하고 싶다는 욕망만 앞섰다. 이건 순수하지 않다. 그래서 음악을 못 느낀 것이다. 진정한 예술을 느끼려면 내 욕심과 생각을 내려놓아야 한다. 순수한 인식의 주체란, 아무 이익도 계산도 없는 마음이다. 진짜 감상은 소유가 아니라 몰입이다. 예술 앞에서의 시간 내내 휴대폰을 들지 않는 것, 가치에 대해 평가하지 않는 것, 그냥 목적 없이 느끼는 것, 그리고 순수하게 경험하는 것 그런 순간 비로소 예술이 열린다. 그때서야 우리는 예술을 감상하는 진정한 관객이 되며 진정한 예술의 참여자가 되는 것이다.

철학적 해석이 필요한 단어

perceive : 인식하다
aesthetically : 심미적으로
become : ~이 되다
the pure subject of knowledge : 순수한 인식의 주체

이해관계의 소멸
– 순수한 주체

> The pure subject forgets all personal will
> and practical concern.
>
> 순수한 주체는 자신의 욕망이나 이해관계를 완전히 잊는다.
> 즉, 순수한 마음으로 예술을 볼 때, 욕심과 걱정을 잠시 잊는다.

예술을 감상하는 순간에는 '내일 시험', '논 걱정' 같은 생각이 사라진다. 그때 우리는 세상과 하나가 된다. 쇼펜하우어는 이 상태를 '순수한 인식의 순간'이라 불렀다. 이 순간은 시간 감각이 사라지고, 오직 행위 그 자체로 존재하는 상태다. 작곡가는 음표 하나에, 화가는 붓의 움직임에, 프로그래머는 코드 한 줄에 몰입한다. 그 순간, 인간은 더 이상 성과를 따지지 않고, 존재 자체가 창조가 된다. 자기 자신을 잊는 순간, 인간은 오히려 자신과 가장 가까워진다.

피아니스트인 나는 이번에 국제 콩쿠르를 준비한다. 요즘 연습을 하려고 하는데 잘 안 된다. 머릿속이 시끄러워서다. '1등 해야 해', '실수하면 안 돼', '심사위원이 뭐라고 생각할까'. 온통 머릿속에는 불안이 가득하다. 손가락이 굳으니 음을 틀리고 다시 치기를 반복하고 또 틀린다. 목적과 욕심 때문에 도무지 집중이 안 된다. 어느 날 밤 새벽 3시 조용히 혼자 연습실에 갔다. 아무도 듣는 사람도 없었고 평가하는 사람도 없었다. 나는 다시 조용히 앉아서 순수하게 결과를 바라지 않고, 승패를 생각하지 않고 피아노를 쳐 본다. 어느새 몰입한다. 음악이 흐르고 피아노와 하나가 되고 시간이 멈춘다. 정신을 차리니 3시간이 지났다. 하지만 한순간 같았다. 나는 깨닫는다. '이게 진짜 연주구나. 내가 찾던 게 이거였어.'

쇼펜하우어는 "순수한 주체는 자신의 욕망이나 이해관계를 완전히 잊는다"고 말했다. 내가 새벽에 혼자 피아노를 칠 때, '1등하고 싶다', '유명해지고 싶다', '박수 받고 싶다' 이 모든 바람이 꺼지면서 나의 욕망은 증발했다. 오직 순수한 음악만 남았다. 이 상태가 순수한 인식의 순간이다. 결과를 만들려고 하지 않는데 최고의 결과가 나오고 완벽을 추구하지 않는데 완벽이 온다. 진정한 창작자는 의도적으로 몰입의 시간을 만든다. 그동안은 대단한 결과를 내려고 하지도 않고 그냥 그 순간을 즐긴다. 그 시간이 창작자에게 가장 생산적인 시간이다. 욕망을 잊을 때, 이해관계를 버릴 때, 목적을 놓을 때, 그때 진짜 창조가 일어난다. 그리고 그들은 그 순간 매일 몰입 속에서 자신을 잊으며 자신을 찾는다.

│ 철학적 해석이 필요한 단어

the pure subject : 순수한 주체
forget : 잊다
personal will : 개인적 의지(욕망)
practical concern : 실제적인 고려 사항, 이해관계

057

'좋아요'를 위한 여행
– SNS시대의 소비된 감동

> **In this state, the subject no longer serves
> the will but simply perceives.**
>
> 이 순간 인간은 더 이상 의지를 제공하는 것이 아니라, 단순히 보는 존재가 된다.

우리가 여행에서 좋은 곳을 가더라도 보고 싶어서가 아니라, 그냥 '보는 것 자체'가 목적이 되어야 한다. 그게 여행이고 곧 예술이다. 예술을 진짜로 느끼려면 '소유하려는 마음'을 버려야 한다. 하지만 오늘날 SNS는 예술조차 소비의 대상으로 만든다. '좋아요 수, 댓글, 해시태그' 등 감상은 느끼는 게 아니라, 보여 주는 행위가 되었다. 쇼펜하우어가 말한 '순수한 인식자'는 이런 시대에 거의 사라졌다. 예술은 원래 욕망의 도구가 아니라, 욕망이 멈춘 자리에서 빛나는 것이다. 예술은 정보를 주는 것이 아니라 그저 우리를 멈추게 하는 것이다. 그리고 진짜 감동은 언제나 '멈춤'에서 온다.

여행 블로거인 나는 꿈의 여행지 산토리니에 있다. 저녁녘 높은 곳
에 올라가서 보는 석양은 아름답다. 하지만 나는 석양을 보지 않고
휴대폰 화면을 본다. 우선 각도를 잡고 필터를 고른다. 이윽고 몇 장
을 찍고 삭제하고 다시 찍는다. '좋아요'를 많이 받을 완벽한 사진을
원한다. 10분이 지난 후 석양이 거의 졌다. 나는 서둘러 마지막 사
진을 찍는다. 그리고 SNS에 올린다. "#인생석양 #산토리니 #여행
스타그램". '좋아요'가 마구 올라간다. 50개, 100개, 나는 만족하지
만 뭔가 허전하다. '나는 석양을 봤나? 산토리니를 진짜로 느꼈나?'
모르겠다. 여행 와서 매번 이런 식이다. 사진은 남았지만 진정한 여
행의 경험은 없다.

쇼펜하우어는 "이 순간 인간은 더 이상 의지를 제공하는 것이
아니라, 단순히 보는 존재가 된다"고 했다. 내가 여행을 즐길
때 나는 의지만 가득했고 목적이 있었다. 그 순간 나는 단순히
여행을 즐기는 존재가 아니라 소유하려는 존재가 된다. 그래
서 진짜 석양을 못 본 것이다. 아름다움은 의도를 가지지 않고
그냥 보는 것 자체가 목적이 되어야 한다. 그리고 그게 바로 예
술이다. 나의 인스타그램은 여행 사진으로 가득하다. 미술관,

석양, 건축물 등 가본 곳은 모두 멋있었다. 하지만 내가 그것들을 진정으로 느꼈나하면 사실 아니다. 나는 그냥 '좋아요'를 위해, '팔로워'를 위해 소비했다. 여행에서의 나의 감상은 그들에게 보여 주는 행위가 되었다.

'나 이거 봤어', '나 여기 갔어' 이런 증명만 남았고 여행에 대한 느낌은 사라졌다. 이제 여행할 때 휴대폰을 덜 써 보자. 그러면 곧 순수한 인식자가 된다. 여행에서도 의지 없이, 욕망 없이, 그냥 보고, 그냥 듣고 그리고 감동받게 된다. 남들의 '좋아요'는 없지만 나만의 감동은 있다. 사진은 없지만 나만의 기억은 있다. 그것으로 충분하다. 아니, 그것이 전부다.

| 철학적 해석이 필요한 단어

state : 상황, 상태
the subject : 예술을 바라보는 주체
no longer A but B : 더 이상 A하지 않고 B하다
serve : 제공하다
perceive : 인지하다

058

너무 앞서갔다
– 예술가의 고독과 시대의 오해

> **Only the genius can grasp**
> **and express the Idea through art.**
> 천재만이 이데아(본질)를 파악하고 예술로 표현할 수 있다.

진짜 예술가는 기술보다 '느낌'을 전한다. 그래서 사람의 마음을 건드릴 수 있는 사람이 진짜 타고난 예술가다. 그러나 이 말은 예술가에게 축복처럼 들리지만, 동시에 저주이기도 하다. 천재는 세상을 다르게 보고, 다르게 느끼며, 그래서 자주 외로워진다. 쇼펜하우어는 천재를 "의지에서 벗어나 세계를 순수하게 보는 자"라 했다. 그는 세상에 휘둘리지 않고, 세상을 관찰한다. 하지만 현대의 예술가는 그런 고요를 누릴 시간조차 없다. 조회 수와 시장의 논리가 예술을 판단하기 때문이다. 그래서 진짜 예술가는 늘 '세상보다 한 발 앞서' 있으면서도, '세상에 받아들여지지 않는 존재'로 남는다. 그 외로움이 바로 천재의 숙명이다.

내 친구는 현대미술 작가다. 대학 때부터 늘 최우수 성적을 받았고 졸업해서는 작가의 길을 선택해서 주로 설치 미술을 한다. 그의 작품 콘셉트는 관습을 깨고 전통을 거부하는 것이다. 이렇게 그는 그의 작품에서 늘 새로운 것을 시도한다. 빛과 소리, 공간과 시간의 관계를 다루기 때문에 그의 작품은 꽤 추상적이고 실험적이다. 내 친구가 주말에 전시회를 열게 되어 갤러리를 방문했다. 마침 그 지역을 지나던 일반 관객들이 들어 와서 보는데 다들 고개를 갸우뚱한다. "이게 뭐예요?", "무슨 의미죠?", "왜 이렇게 했어요?". 작품을 보자마자 질문만 있을 뿐 시간을 두고 이해하려는 태도는 없다. 한 관객이 불평한다. "돈 내고 들어왔는데 이해가 안 돼요. 설명 좀 해주세요." 내 친구는 당황해하면서 차근차근 설명한다. 하지만 관객들은 여전히 모른다. 일부 평론가들도 "자기만족", "난해함", "소통 부재"라고 혹평한다. 전시회가 끝나고 내 친구가 내게 조용히 물었다. '나만 이렇게 보는 건가? 세상이 나를 안 받아주는 건가?'

쇼펜하우어는 "천재만이 이데아를 파악하고 예술로 표현할 수 있다"고 했다. 대학 때부터 천재 소리를 듣던 내 친구는 늘 이 데아를 파악하려고 하고 그것을 그대로 작품에 담으려고 노력했다. 하지만 관객은 그것을 못 느낀다. 그들은 늘 색깔, 크기, 재료 같은 겉모습만 본다. 쇼펜하우어가 말한 것처럼, 천재만이 이데아를 보고 표현한다. 그래서 그는 늘 외롭다. 천재는 일반인들과 세상을 다르게 보고 다르게 느끼기 때문에 예술가로서 축복받았다. 하지만 한편으로는 저주받았다. 세상은 그렇게 느끼지 않고 사람들은 익숙한 것만 원하기 때문이다. 하지만 그들은 멈추지 않는다. 그것이 그들의 길이고 예술가의 길이기 때문이다. 내 친구는 오늘도 혼자 묵묵히 창조한다. 이해받지 못해도 계속한다. 그리고 그 외로움마저 예술로 산다.

철학적 해석이 필요한 단어

genius : 천재
grasp : 잡다, 파악하다
express : 표현하다
through : ~를 통해서

순수한
호기심의 힘

> **Genius is the exceptional capacity to rise above will into pure perception.**
>
> 천재란 의지를 넘어 순수한 인식으로 바라볼 줄 아는 특별한 능력의 소유자다.

보통 사람은 결과를 보지만, 천재는 그 '순간'을 본다. 그건 세상을 욕심 없이 보는 능력이다.

그건 IQ나 재능보다 '의지에서 벗어날 수 있는 정신의 힘'을 뜻한다. 현대 사회는 끊임없이 목표와 경쟁을 주입하지만, 천재는 그 목표 자체를 잊는다. 그는 "이걸로 무엇을 얻을까?"보다 "이건 왜 이렇게 아름답지?"를 묻는다. 천재는 생산성이 아니라 '감각의 깊이'를 기준으로 평가된다. 그들은 세상을 소비하지 않고, 세상을 관찰한다. 그래서 그들의 창작은 늘 시대를 초월한다.

어떤 물리학자가 노벨상을 받았다. 기자들이 그에게 물었다. "성공 비결이 뭡니까?" 그는 잠시 생각하고 대답한다. "저는 성공하려고 연구한 적이 없어요. 그냥 궁금해서 했어요." 기자들은 이해하지 못한다. "그래도 목표가 있었잖아요?" 그는 고개를 젓는다. "목표보다는 호기심이었어요. 이 현상이 왜 이럴까, 이 원리는 어떻게 작동할까, 그게 제 질문이었어요. 노벨상은 생각도 안 했어요." 그는 30년 동안 돈이 안 되는 기초 과학 분야에서 같은 주제를 계속 연구했다. 주변에서 "응용 연구를 해. 그게 돈이 돼." 하고 말렸지만 그는 연구만 계속했다. 결과를 바라지 않고 순수하게 그냥 알고 싶었을 뿐이었다. 그 순수함이 30년 후 그에게 노벨상을 안겨다 준 것이다.

쇼펜하우어는 "천재란 의지를 넘어 순수한 인식으로 바라볼 줄 아는 특별한 능력의 소유자다"고 했다. 그런 맥락에서 그 노벨상 수상자는 천재다. IQ가 높아서가 아니다. 의지를 넘어설 수 있어서다. '노벨상 받고 싶다', '유명해지고 싶다', '인정받고 싶다' 이런 의지를 버리고 대신 '이 현상은 왜 이럴까?', '이 원리는 어떻게 작동할까?' 하는 순수한 인식으로 자신의 연구를 봤다. 오로지 호기심만 있고 목적이 없었다. 그래서 더 깊이 봤다. 이렇듯 다른 사람은 결과를 보지만, 천재는 그 순간을 본다. 그건 세상을 욕심 없이 보는 능력이다. 끊임없이 목표와 경쟁을 주입하는 현대 사회지만 천재는 그 목표 자체를 잊는다. 그들은 '이걸로 무엇을 얻을까'보다 '이건 왜 이렇게 아름답지?'를 묻는다. 그래서 그들의 창작은 늘 시대를 초월한다. 하지만 그런 천재가 꼭 정해진 것만은 아니다. 누구나 욕망을 내려놓을 때, 잠시라도 천재가 될 수 있다. 순수한 인식은 특별한 사람의 것이 아니라, 멈출 줄 아는 사람의 것이기 때문이다.

철학적 해석이 필요한 단어

genius : 천재, 예술가
the exceptional capacity : 특출난 능력
rise above ~ : ~를 뛰어넘다
into ~ : ~ 안으로
pure perception : 순수한 인식

060

말없는 소통
– 예술작품과 공감의 힘

> A work of art fixes the Idea in material form
> and communicates contemplation to others.
>
> 예술 작품은 이데아(본질)를 형태로 만들고 다른 이들에게 관조의 상태로 전달한다.
> 즉, 예술 작품은 마음의 본질을 형태로 만들어 다른 사람에게 사색하도록 전달한다.

그림, 음악, 영화 등은 인간의 내면을 물질화한 결과물이다. 예술은 느낀 것을 표현하고, 다시 이것을 다른 이의 감정으로 옮기는 '사유의 전달'이다. 예술은 말보다 깊은 소통이다. 감정이 이성보다 먼저 닿는다. 이 시대의 공감 부족은 어쩌면 예술의 언어를 잃었기 때문일지도 모른다. 음악을 듣고 울 수 있는 사람, 그림 앞에서 한참을 멈출 수 있는 사람, 그들은 여전히 세상과 연결된 사람들이다.

나는 아들과 대화가 안 된다. 아들은 이제 막 사춘기에 접어든 17세 고등학생이다. 그런데 언제부터인가 내가 말을 걸면 아들은 방문을 걸어 잠근다. "아빠는 몰라요." 그럴 때마다 나는 답답하다. '뭘 모르지? 나도 청소년 시기가 있었는데.' 하지만 말로는 계속 소통이 잘 안 된다. 어느 날 나는 억지로 아들을 데리고 미술관에 갔다. "왜 가야 해요?" 아들은 불만이었지만 따라왔다. 둘은 한 그림 앞에 섰다. 왜곡된 하늘 아래서 절규하는 표정을 하고 있는 뭉크의 그림 '절규'. 아들이 신기한 듯 그 앞에서 멈춰 서서는 오랫동안 지켜본다. 나도 그 옆에서 말없이 같이 본다. 서로 조용히 감상을 한 후 우리 둘은 미술관을 나왔다. 아들이 말한다. "아빠, 나 매일이 저 그림 같아요." 사실 속으로 좀 놀랐다. "너 그렇게 힘드니?" 아들이 고개를 끄덕였다. 이제야 말로 안 되던 소통이 그림 한 점으로 됐다는 것을 깨달았다.

쇼펜하우어는 "예술 작품은 이데아를 형태로 만들어, 다른 이들에게 관조의 상태로 전달한다."고 했다. 뭉크의 '절규'는 무엇을 담고 있는가? 인간의 고통, 존재의 불안, 삶의 공포, 즉, 이데아다. 이것들은 말로 설명하기 어렵다. 하지만 그림으로 형태 전달이 됐다. 왜곡된 얼굴과 물결치는 하늘, 그리고 비명을 지르는 형상, 모든 형태가 아들에게 고스란히 관조의 상태로 전달됐다. 아들은 말없이 그림을 보며 자신의 고통을 느꼈다. 나도 그 옆에서 고통을 느꼈다. 그림, 음악, 영화 등은 인간의 내면을 물질화한 결과물이다. '절규'라는 그림은 뭉크라는 작가 자신의 내면을 물질화한 작품이다. 불안, 고통, 공포. 보이지 않는 감정을 캔버스에 그리고 물감으로 형태를 줬다. 그래서 100년이 지난 지금도 사람들이 볼 수 있고 공감할 수 있다. 쇼펜하우어가 말한 것처럼 예술은 내면의 물질화다. 보이지 않는 것을 보이게, 들리지 않는 것을 들리게 하는 힘이 있다. 예술 작품 앞에서 울림을 느낄 수 있는 사람, 그들은 여전히 세상과 연결된 사람들이다. 나는 그림을 보며 아들과 연결됐다. 말로 안 되던 연결이 예술로 됐다. 예술을 느끼지 못하는 사람은 그래서 고립된다. 말로만 소통하고 논리로만 이해하려고 하기 때문이다.

철학적 해석이 필요한 단어

a work of art : 예술 작품
fix : 고정하다, 정하다
in material form : 물질 형태로
communicate : 전달하다
contemplation : 사색, 명상
others : 다른 사람들

061

아름다움과
디자인의 본질

> **Beauty is the pleasure that accompanies
> the pure intuition of the Idea.**
>
> 아름다움이란, 이데아(본질)를 순수하게 인식할 때 느끼는 즐거움이다

아름다움이란 단순히 '예쁘다'는 감탄이 아니라, 마음이 고요
해지는 순간이다. 좋은 디자인이란 화려함이 아니라, 보고 있
으면 이유 없이 편안해지는 것이다. 그건 단순히 시각적 미가
아니라, 질서와 조화 속의 휴식이다. 패션과 트렌드가 빠르게
바뀌는 시대에도, 오래 남는 디자인에는 늘 이런 고요함이 있
다. 인간은 본능적으로 '조화' 속에서 안심을 느낀다. 그것이 곧
아름다움의 심리적 근원이다. 그래서 미적 감동은 논리가 아
니라, 본질을 잠시 직관하는 경험이다.

인테리어 디자이너인 나는 요즘 새로운 고객의 집을 디자인하고 있다. "럭셔리하고 트렌디하게, 화려하게 해 주세요." 고객의 요청에 따라 나는 대리석, 금장식, 복잡한 패턴 등 화려하고 비싸 보이는 재료들을 써서 인테리어를 완성했다. 처음에는 고객이 너무 만족해했다. 하지만 한 달 후 고객이 나에게 불만스럽게 전화를 했다. "왜 이 집에 있으면 피곤할까요? 집인데 쉬는 것 같지가 않아요." 나는 곰곰이 생각했다. 아마도 너무 많은 장식, 너무 강한 색, 너무 복잡한 구조 등으로 인해 눈이 쉴 곳이 없었던 것이 아닐까. 화려함이 문제였다. 그 안에서는 마음이 편할 곳이 없는 듯 했다. 그래서 나는 다음 프로젝트는 다르게 하기로 했다. "멋있게 해 주세요." 새로운 고객이 요청했다. 하지만 이번에는 내가 다르게 접근했다. "편안한 집을 만들어 드리겠습니다." 단순하게 하얀 벽, 나무 바닥, 적은 가구. 그리고 장식을 줄이고 색을 절제하고 공간에는 개방감을 주었다. 고객은 처음에 어리둥절해했다. "이게 다예요? 너무 심플한데…" 하지만 일주일 후 고객이 전화한다. "신기해요. 이 집에 있으면 마음이 편해져요. 이유는 모르겠는데 계속 있고 싶어요." 그제서야 나는 깨달았다. '이게 진짜 아름다움이구나.'

쇼펜하우어는 "아름다움이란, 이데아를 순수하게 인식할 때 느끼는 즐거움이다"고 말했다. 첫 번째 집은 화려했지만 아름답지 않았다. 과시, 허영, 소비. 그것만 있었지 본질이 없었고 이데아가 없었다. 그래서 고객은 즐거움을 못 느꼈다. 오히려 피곤했다. 하지만 두 번째 집은 단순했지만 아름다웠다. 평온, 조화, 쉼, 본질이 담겼고 이데아가 있었다. 그래서 고객은 즐거움을 느꼈다. 아름다움이란 단순히 예쁘다는 감탄이 아니라, 마음이 고요해지는 순간이다. 마음이 고요해 진다는 것은 욕망이 멈춘 자리라는 뜻이다. 그래서 더 편안하다. 좋은 디자인이란 화려함이 아니라, 보고 있으면 이유 없이 편안해지는 것이다. 그것이 이데아를 담은 것이다. 평온, 조화, 쉼, 열린 공간에 고객들은 마음이 고요해지고 욕망이 멈추고 균형을 찾는 즐거움을 느낀다. 그리고 오래 남는 디자인은 트렌드가 아니라 이러한 고요함을 담는 디자인이다.

철학적 해석이 필요한 단어

Beauty : 미, 아름다움
pleasure : 즐거움
accompany : 동반하다
the pure intuition : 순수 직관력

062

산 옷은 안 입는다
– 소비 문화의 허상

> **Aesthetic pleasure is based not on desire fulfilled
> but on desire suspended.**
>
> 미적 즐거움은 충족된 욕망이 아니라 중단된 욕망에서 생겨난다.

'갖고 싶다'는 마음이 멈출 때, 우리는 비로소 진짜 본질을 본다. 미적 즐거움은 욕망이 채워질 때가 아니라, 욕망이 잠시 멈출 때 생긴다. 그러나 현대 패션과 미디어는 끊임없이 욕망을 자극하며 '즐거움'을 팔고 있다. "이 옷을 입으면 행복해질 거야", "이 가방을 들면 행복해져." 이런 메시지는 미적 경험을 욕망의 대상 안으로 끌어들인다. 이러한 패션이 진정한 예술이 되려면, 소비를 부추기는 수단이 아니라 '자기 표현의 자유'가 되어야 한다.

나는 출근 전 옷장을 연다. 옷이 가득하다. 100벌은 넘는 것 같다. 하지만 입을 옷이 없다. 나는 새로 나온 옷, 유행하는 스타일, SNS에서 본 코디를 참고해서 매달 옷을 산다. 사실 살 때는 행복하다. '이 옷을 입으면 예뻐질 거야', '이걸 입으면 자신감이 생길 거야', 너무나 설렌다. 하지만 사고 나면 결국 한두 번 입고는 옷장 깊숙이 넣고 다시는 안 입는다. 왜냐하면 예상했던 만큼의 행복을 못 느꼈기 때문이다. 어떠한 옷을 입어도 사실 여전히 나는 그냥 나 자체다. 그러면 또 다른 옷을 찾는다. '다음 옷은 진짜 나를 바꿔줄 거야.' 이러한 끝없는 반복 아래 내 통장은 점점 비어 가고, 옷장은 차고, 마음은 여전히 허전하다.

쇼펜하우어는 "미적 즐거움은 욕망의 충족이 아니라 욕망의 중단에서 생겨난다"고 말했다. 내가 옷을 살 때 느끼는 것은 미적 즐거움이 아니라 '갖고 싶다', '예뻐지고 싶다', '달라지고 싶다'라는 욕망의 충족이다. 하지만 이 욕망이 채워지는 순간은 짧고 며칠 가지 못한다. 이건 진짜 미적 즐거움이 아니었기 때문이다. 보통 우리는 옷을 볼 때 '갖고 싶다'만 생각한다. 그래서 이 옷이 진짜 나와 어울리는가, 이 옷이 나를 편하게 하는가, 이 옷이 내 삶에 필요한가 하는 본질을 못 본다. 욕망이 시야를 가리기 때문이다. 더욱이 현대 패션과 미디어는 끊임없이 욕망을 자극하며 즐거움을 팔고 있다. 우리는 매일 광고를 보고, SNS, 유튜브, 이미지를 통해 모델들이 옷을 입고 행복해 보이는 모습에 노출되어 있다. 그러한 광고는 "이 옷을 입으면 당신도 이렇게 될 수 있어요." 라고 속삭인다. 하지만 거울 앞에 서면 생각과 다르고, 우리는 실망하며 또 다른 광고를 본다. 이것이 현재 우리의 모습이다. 이제는 알아야 한다. 옷을 살 때가 아니라 입을 때 행복하고, 갖고 싶을 때가 아니라 욕망이 멈출 때 평온하다는 것을 말이다. 옷장이 비어 갈수록 우리의 마음은 진짜 아름다움으로 차지 않을까?

철학적 해석이 필요한 단어

aesthetic pleasure : 미적 즐거움
be based on ~ : ~ 에 놓여 있다
desire fulfilled : 충족된 욕망
not A but B : A가 아니라 B다
desire suspended : 중단된 욕망

063

조회수 100만 vs 관객 100명
– 예술의 깊이와 대중성

> **Schopenhauer arranges the arts according to the grades of will's objectification.**
>
> 쇼펜하우어는 예술을 의지의 표현 정도에 따라 단계적으로 배열한다.

쇼펜하우어는 예술을 '의지가 얼마나 깊이 드러나느냐'에 따라 단계로 구분했다. 즉, 예술은 단순한 것(건축)부터 복잡한 것(음악)까지, 의지를 얼마나 깊이 드러나느냐에 따라 다르다. 건축은 물질의 의지를, 음악은 세계의 본질적 의지를 표현한다고 했다. 이 구분은 현대의 문화 산업에도 그대로 적용된다. 드라마, 광고, 게임, 유튜브 등은 의지의 다른 형태들이다. 대중문화는 인간의 욕망을 직접적으로 표현하고, 순수 예술은 그 욕망을 초월하려 한다.

다큐멘터리 감독인 나는 5년 동안 영화를 만들었다. 기후 변화를 다룬 영화였고 당면한 문제를 깊이 파고들었다. 과학자 인터뷰와 현장 취재를 더했고 데이터 분석까지 꽤 진지하게 다뤘다. 그러나 개봉 후 관객은 매우 적었고 전국에서 하루에 평균 100명이 관람할까 말까 하는 정도였다. 극장은 점점 텅 비어 갔다. 그때 나는 크게 좌절했다. 같은 시기, 유명 유튜버가 만든 영상이 있다. 10분짜리인데 똑같이 기후 변화를 개그로 풀었다. 가볍고 재미있다. 조회 수 100만. 댓글 수천 개. 여러 사람들에게 바이럴 된다. 나는 스스로 자문한다. '내가 틀렸나? 5년이 10분만 못한가?' 그런데 이번에 영화제에서 상을 받았다. 평론가들은 "깊이 있는 작품", "시대의 기록"이라며 극찬을 해 주었다. 하지만 극장은 여전히 비어 있다. 정말 고민이 된다. '조회수가 가치를 결정하는 건가?'

쇼펜하우어는 예술을 의지의 표현 정도에 따라 단계적으로 배열한다. 나의 다큐멘터리는 어느 단계인가? 아마 높은 단계일 것이다. 내 작품 안에는 그 안에 있는 의지를 깊이 표현했다. 인간의 생존 의지, 자연의 파괴, 미래에 대한 불안. 본질적인 것들을 이해하는 데 시간이 꽤 걸린다. 유명 유튜버의 10분 영상은 낮은 단계다. 웃음, 즉각적 재미, 가벼운 메시지. 표면적인 것들을 이해하는데 시간이 덜 걸린다. 하지만 둘 다 예술이다. 단계가 다를 뿐이다. 예술은 의지의 표현 깊이에 따라 다르다. 유튜브 영상은 대부분 욕망을 표현한다. '웃고 싶다', '놀고 싶다', '즐기고 싶다'를 담고 있어 대중이 좋아하고 조회수가 높다. 하지만 나의 다큐멘터리는 욕망을 초월하려 한다. '생각하게 만들고 싶다', '깨닫게 하고 싶다', '변화시키고 싶다'를 담고 있어 대중이 어려워하고 관객이 적다. 애초 대중문화와 순수 예술은 의지의 방향이 다르다. 문제는 현대 사회가 이 단계의 구분을 완전히 잃어버렸다는 점이다. 모든 예술이 조회수와 판매량이라는 동일한 잣대로 평가된다. 하지만 둘은 전혀 다른 단계다. 전혀 다른 목적이다. 그래서 같은 잣대로 재면 안 된다. 깊이 있는 예술은 눈에 잘 띄지 않는다. 그것은 조용히, 오래 남는다. 유튜버의 영상은 지금은 인기가 있고 모두가 보지만 1년 후에는 아무도 기억하지 않을 것이다. 왜냐하면 금세 또 새로운 영상이 나오기 때문이다. 반면 나의 다큐멘터리는 지금은 인기가 없고 극소수만 보지만 10년 후에도 학교에서, 연구소에서, 활동가들에게서 여전히 회자될 것이다. 본질적 의지를 다루었기 때문이다.

철학적 해석이 필요한 단어

arrange : 배열하다

according to ~ : ~ 에 따라

the grades of will's objectification : 의지의 대상화(표현) 단계

제3권 | 예술로서의 세계

064

100층 빌딩 vs 작은 서점
– 건축이 말하는 것

> **Architecture expresses the lowest forms of will
> —gravity and rigidity.**
>
> 건축은 중력과 응집력 같은 가장 낮은 단계의 의지를 표현한다.

건축은 가장 기본저인 의지, 즉, 공간을 버니고, 세상을 지탱하려는 힘의 표현이다. 돌, 철, 유리 등은 무너짐을 거부하며 서 있는 물질의 의지를 담고 있다. 쇼펜하우어는 건축을 '가장 낮은 단계의 의지'라 불렀지만, 그것은 동시에 가장 근원적인 예술이라는 뜻이다.

20년차 건축가인 나는 이번에 초고층 빌딩을 설계한다. 의뢰처는 대기업이다. 요구사항은 명확하다. "높게, 화려하게, 눈에 띄게." 해 달라는 것이다. 그래서 나는 그 요구에 맞춰 설계를 시작했다. 하다

보니 유리와 철로 된 첨탑이 하늘을 찌르는 100층짜리 거대한 빌딩이 완성되었다. 즉시 도시의 랜드 마크가 되었고 여기저기 사람들이 사진을 찍고 "성공의 상징", "위대한 건축"이라며 언론이 대대적으로 보도했다. 나 역시도 자랑스러웠다. 그러다가 나는 퇴근길에 우연히 작은 서점을 보게 되었다. 오래된 건물 2층에 나무 계단이 지탱하고 있고 낡은 문과 작은 창문을 갖고 있었다. 나는 조용히 들어갔다. 책장 사이로 빛이 들고 상상 외로 따뜻했다. 사람들이 앉아 책을 읽는 모습이 평화로워 보였다. 나는 벤치에 앉아 30분 동안 아무것도 안 했다. 그냥 있어도 이 공간이 주는 무엇을 느꼈다. 나의 100층 빌딩을 떠올렸다. '사람들이 그 빌딩에서 이런 평온을 느낄까?' 아니다. 그 사람들은 그 빌딩에서 매일 경쟁하고 일하며 스트레스를 받을 것이다. 나는 깨닫는다. '나는 무엇을 세워야 했지? 높이가 아니라 평온이었구나.'

쇼펜하우어는 "건축은 중력과 응집력 같은 가장 낮은 단계의 의지를 표현한다"고 말했다. 건축의 기본은 무엇인가? 서 있는 것, 무너지지 않는 것, 중력을 이기는 것. 이것이 가장 낮은 단계의 의지다. 하지만 여기서 끝이 아니다. 쇼펜하우어는 "건축은 가장 기본적인 의지, 즉, 공간을 버티고 세상을 지탱하려는 힘의 표현이다"고 했다. 나의 빌딩은 무엇을 버티는가? 기업의 권력, 자본의 힘, 경쟁의 욕망, 그것을 지탱하기 위해 서 있다. 작은 서점은 무엇을 버티는가? 독서의 가치, 사색의 시간, 평온의 공간, 그것을 지탱하기 위해 서 있다. 둘 다 의지를 표현한다. 하지만 어떤 의지인가가 다르다. 쇼펜하우어가 말한 것처럼, 건축은 무엇을 지탱하느냐에 따라 의미가 달라진다. 건축은 의지의 가장 낮은 형태라 불렸지만, 그것은 동시에 가장 근원적인 예술이다. 돌, 철, 유리 등 물질적으로 만질 수 있지만 동시에 인간이 가장 먼저 필요로 하는 것. 즉, 거처, 쉴 곳, 안전, 쉼, 평온 등을 제공한다. 쇼펜하우어가 말한 것처럼, 건축은 물질이지만 근원이다. 건축은 결국 "무엇을 세우는가"보다 "왜 세우는가"의 문제다. 진짜 건축은 권력의 과시가 아니라, 인간이 잠시 쉴 수 있는 공간을 이룰 때 비로소 가치가 있다.

철학적 해석이 필요한 단어

architecture : 건축
express : 표현하다
the lowest forms of will : 가장 낮은 단계의 의지
gravity and rigidity : 중력과 응집력

AI가 그린 그림 vs 사람이 그린 그림
– 회화가 말하는 것

> Sculpture and painting express
> the Ideas embodied in organic life.
>
> 조각과 회화는 식물과 동물의 생명 속에 있는 이데아(본질)를 표현한다.

사람, 동물, 자연을 그리거나 조각상으로 깎는 건 단순한 모양이 아니라, 그 안의 생명력을 담는 일이다.

즉, 조각과 회화는 생명 속에 깃든 본질을 표현한다. AI가 만든 그림이 아무리 정교해도, 그것이 '생명'처럼 느껴지지 않는 이유가 여기에 있다. 즉, 작품에는 창작자의 살아 있는 의지가 담겨야 한다. 그러나 AI는 이미지를 계산하려고 하지, '살고자 하는 의지'를 담지는 않는다.

일러스트레이터인 내 초등학교 동창 유나는 요즘 위기를 느낀다. AI 그림 생성 프로그램이 불쑥 등장했기 때문이다. 텍스트를 입력하면 3초 만에 그림이 나온다. 완벽하고 정교하고 빠르다. 클라이언트들이 묻는다. "AI로 하면 되는데 왜 돈을 내고 사람한테 맡겨야 하나요?" 이럴 때 마다 내 동창 유나는 대답하기 어려워한다. 솔직히 효율적으로는 AI가 더 낫다. 속도도 빠르고 가격도 싸다. 유나는 스스로 자문한다. '내 가치는 뭐지? 나는 왜 필요하지?' 며칠 후 유나는 미술관에 갔다. 반 고흐의 그림 앞에 서서, 붓질도 거칠고 완벽하지 않은 그림을 두고 유나는 갑자기 눈물이 나왔다. 왜인지 모르겠지만 그냥 눈물이 났다. 고흐의 고통, 고흐의 열정, 고흐의 생명, 그림에서 뭔가가 전해졌다. 드디어 유나는 깨달았다. 'AI 그림에는 이런 생명이, 살아 있는 흔적이 없어.' 동창 유나는 다시 작업실로 돌아와 붓을 들고 그린다. 완벽하지 않아도 괜찮다. 감정이 담기면 된다. 유나가 살아 있다는 증거가 캔버스에 남는다. 그것은 AI가 절대 줄 수 없는 유나만의 가치.

쇼펜하우어는 "조각과 회화는 식물과 동물의 생명 속에 있는 이데아를 표현한다"고 했다. 유나가 꽃을 그리면 단순히 모양을 그리는 게 아니라 피어나려는 의지, 빛을 향한 갈망, 살고자 하는 힘, 즉, 꽃의 생명력을 담는다. AI가 꽃을 그린다면 완벽한 모양을 만든다. 색도 정확하고 디테일도 세밀하다. 하지만 생명력은 없다. 오직 계산일 뿐이다. 쇼펜하우어가 말한 이데아, 즉 생명의 본질이 없다. 그것이 이 차이다. 작품에는 창작자의 살아 있는 의지가 담겨야 한다. 우리는 그림을 그릴 때, 우리의 의지가 담긴다. '이것을 표현하고 싶다', '이 감정을 전하고 싶다', '이 순간을 남기고 싶다'라고 하는 살아 있는 의지가 붓에 실린다. AI가 그림을 만들 때는 의지가 없다. 살고자 하는 의지, 표현하고자 하는 열망, 전하고자 하는 마음 등이 없다. 쇼펜하우어가 말한 것처럼, 예술은 의지의 형상화다. AI에게는 그 의지가 없다. 실수가 없지만 인간다운 떨림도 없다. 그래서 차갑다. 쇼펜하우어가 말한 것처럼, 예술의 가치는 완벽함이 아니라, 불완전 속의 인간적 떨림이다.

철학적 해석이 필요한 단어

sculpture : 조각
painting : 회화
embodied : 구현된
organic life : 생물

066

말이 아니라 마음
– 시가 말하는 것

> **Poetry represents the highest Idea:**
> **the human being.**
> 시는 인간이라는 가장 높은 단계의 이데아(본질)를 표현한다.

시는 감정과 생각이 하나로 섞인 예술이다. 그래서 인간의 마음을 가장 잘 보여 준다. 시는 인간을 노래하며, 인간관계 또한 시와 같다. 우리는 사랑하거나 미워하면서 서로를 이해하려 애쓴다. 그 과정에서 다툼도 있고, 눈물도 있지만 결국 사랑을 찾는다. 누군가를 사랑하는 일은 시를 쓰는 것과 같다. 완벽한 문장을 찾기보다, 진심을 놓지 않는 것과 같다. 서툰 말 속에도 마음이 있다면 그것은 이미 한 편의 시다.

나는 아내에게 사랑한다는 말을 잘 못한다. 10년을 같이 살았지만 아직 표현이 서툴다. "사랑해"라는 말이 어색해서 영 입에서 안 나온다. 그래서 다른 방식으로 표현한다. 퇴근길에 아내가 좋아하는 빵을 사고 주말에 설거지를 한다. 밤에 말없이 늘 먼저 이불을 덮어 준다. 하지만 아내는 서운하다. "당신도 나를 사랑해?" 물으면 나는 "당연하지"라고만 한다. 제대로 된 대답이 아닌지 아내는 '말로 표현해 주면 안 될까?' 하며 답답해한다. 솔직히 그러는 나도 '나는 매일 사랑을 보여 주는데 왜 모를까?' 하며 답답해한다. 어느 날 우연히 시집을 읽었다. 한 구절이 눈에 띄었다. "사랑은 완벽한 문장이 아니라 떨리는 숨결이다." 나는 생각했다. '나는 완벽한 말을 찾으려 했구나. 그래서 아무 말도 못 했어.' 그걸 깨달은 순간 바로 아내에게 편지를 썼다. 처음이라 서툴렀고 문장이 엉망이었다. 지우고 또 지우고 고쳐 쓰기를 여러 번, 결국 편지를 완성했다. "나는 말을 잘 못해. 하지만 당신을 사랑해. 매일 당신 생각을 해. 퇴근길에 빵 사는 것도, 설거지하는 것도, 이불을 덮어 주는 것도, 다 당신이 좋아서야." 서툴지만 진심이었다. 아내는 내 편지를 읽고 눈물을 흘렸다. "이렇게 말해 주면 되는데. 완벽하지 않아도 괜찮아. 당신 마음이 느껴지니까."

쇼펜하우어는 "시는 인간이라는 가장 높은 단계의 이데아를 표현한다"고 했다. 시는 무엇을 표현하는가? 인간의 감정, 생각, 영혼 등 가장 깊은 것들을 다룬다. 사실 내가 아내에게 쓴 편지는 시가 아니다. 문학적이지도 않다. 하지만 사랑, 서툰 마음, 진심 등 진짜 내 마음을 표현했다. 쇼펜하우어가 말한 이데아, 즉 인간의 본질이 담겨 있었다. 그 결과 아내가 울었다. 아내에겐 완벽한 시보다 서툰 편지가 더 감동적이었던 것이다. 쇼펜하우어가 말한 인간의 가장 높은 이데아는, 결국 타인을 이해하려는 그 마음이다. 내가 편지를 쓴 이유는 남편에게 말로 듣고 싶어 했던 아내를 이해하고자 했던 마음이며, 아내가 편지를 받고 운 이유는 서툴지만 진심을 보여 주려 했던 나를 이해한 마음이다. 서로 완벽하지 않지만 진실한, 문학적이지 않지만 아름다운, 완성되지 않았지만 계속되는 그것이 인간이다. 가장 높은 이데아다.

철학적 해석이 필요한 단어

poetry : 시
represent : (대상을) 재현하다
the human being : 인간

067

사랑이 집착이 될 때
– 욕망의 자기파괴

> Tragedy shows the deepest conflict of will
> —the self-destruction of striving itself.
>
> 비극은 스스로 애쓰다가 자기가 파괴되는
> 의지의 가장 심오한 충돌을 보여 준다.

비극은 인간의 욕망이 스스로를 무너뜨릴 때 일어난다. 내 욕심에 상대를 너무 붙잡으려 하면 상처로 변하고, 너무 내려놓으면 공허로 남는다. 사람 사이의 비극은 '나의 의지'와 '상대의 의지'가 충돌할 때 생긴다. 서로 사랑해도, 바라보는 방향이 다를 때, 그 관계는 흔들린다. 결국, 사랑도 그 본질은 '내 뜻대로 되지 않는 세계'를 받아들이는 과정이다. 우리는 상대를 바꾸려 하지만, 사랑은 사실 서로의 한계를 알아보는 일이다. 그래서 진짜 사랑은 소유가 아니라 이해다.

나는 남자 친구를 사랑한다. 너무 사랑해서 불안하다. '혹시 나를 떠나면 어떡하지?' 그런 마음에 남자 친구를 자주 확인한다. "지금 뭐 해?", "누구랑 있어?", "언제 와?". 하루에도 수십 통씩 메시지를 보낸다. 남자 친구가 잘 때 몰래 남자 친구의 스마트폰을 본다. 남자 친구의 카카오 톡, 통화 기록, 사진 등을 확인한다. 혹시 다른 여자는 없는지 남자 친구의 SNS를 감시한다. 누가 좋아요를 눌렀나, 누가 댓글을 달았나, 일일이 체크한다. 나는 남자 친구를 너무 사랑해서 그런 거지만 남자 친구는 이런 나 때문에 지친다. "나 좀 믿어 줘." 나는 대답한다. "믿어. 하지만 불안해." 어느 날부터인가 남자 친구가 점점 멀어지는 걸 느낀다. 나는 더 불안해진다. 그래서 더 붙잡으려 한다. 결국 악순환이다. 결국 남자 친구가 조용히 진지하게 말한다. "힘들어. 헤어지자." 니는 가슴 한건이 와르르 부너진다. '나는 사랑했는데 왜?'

쇼펜하우어는 "비극은 스스로 애쓰다가 자기가 파괴되는 의지의 충돌을 보여 준다"고 말했다. 남자 친구에 대한 나의 의지는 무엇이었나? '남자 친구를 잃지 않고 싶다' 였다. 하지만 그 결과 남자 친구를 잃게 되었다. 그것이 자기파괴다. 내가 붙잡으려 할수록 남자 친구는 더 멀어졌다. 나의 의지가 나 자신을 파괴했다. 비극은 인간의 욕망이 스스로를 무너뜨릴 때 일어난다. 나의 욕망은 '사랑받고 싶다. 버림받지 않고 싶다' 였다. 그 욕망이 결국은 나를 감시하고, 의심하고, 집착하는 확인 중독자로 만들었다. 그 욕망이 관계를 망쳤다. 욕망이 스스로를 무너뜨렸다. 사랑은 소유가 아니라 이해다. '이 사람은 나도 사랑하지만 혼자 있는 시간도 필요해' 라는 이해 말이다. 붙잡지 않고, 강요하지 않고, 서로의 한계를 알며, 서로의 다름을 인정할 때, 그것이 진짜 비극을 넘어선 사랑이다.

철학적 해석이 필요한 단어

tragedy : 비극 혹은 비극 작품
the deepest conflict : 가장 심오한 충돌
the self-destruction : 자기 파괴
striving : (무엇을 얻기 위해) 분투하는, 애쓰는
itself : 스스로

068

말보다 마음이
먼저 닿는 관계

> **Music stands apart from all other arts.**
> 음악은 모든 예술 중에서도 독보적이다.

음악은 말이 통하지 않아도 마음을 통하게 만든다. 쇼펜하우
어는 음악을 "세계의 언어"라 했다. 그 말은 곧, 감정이야말로
모든 인간이 공유하는 공통 언어라는 뜻이다. 우리는 서로의
말을 오해해도, 진심은 공감으로 전해진다. 누군가의 조용한
손짓, 함께 걷는 침묵, 눈빛 하나에도 마음은 흐른다. 그건 음
악의 리듬과 같다. 음악이 언어보다 진실하듯, 마음의 공명은
이성보다 강하다. 때로는 아무 말 없이 옆에 있어 주는 것이 가
장 완벽한 화음이 된다.

남자 친구 아버지가 돌아가셨다. 남자 친구가 며칠을 울었다. 내가 걱정해서 한마디 한다. "괜찮아?", "뭐 도와줄 거 없어?", "밥이라도 먹어". 말을 점점 많이 한다. 하지만 남자 친구는 대답하지 않는다. 그냥 울기만 한다. 나는 당황했다. '뭐라고 해야 하지?' 그날 밤, 나는 남자 친구 옆에 앉는다. 아무 말도 하지 않는다. 그냥 그의 손을 꽉 잡았다. 그래도 남자 친구는 계속 운다. 나는 한 시간 동안 조용히 손을 잡고 있었다. 시간이 지나자 남자 친구가 말했다. "고마워, 네가 옆에 있어서." 나는 그때서야 깨달았다. 가끔은 말이 아니라 침묵, 그리고 존재가 오히려 큰 위로가 될 수 있다는 것을.

쇼펜하우어는 "음악은 모든 예술 중에서도 독보적이다"고 말했다. 왜 독보적인가? 음악은 말이 없다. 말없이 슬픔, 기쁨, 그리움의 감정을 전달한다. 나와 남자 친구의 밤도 그랬다. 서로 별 말이 없었다. 하지만 '나는 네 곁에 있어', '같이 슬퍼할게', '너를 사랑해' 라는 나의 마음이 말없이 전달됐다. 쇼펜하우어가 말한 것처럼 감정은 공통 언어다. 누군가의 조용한 손짓, 함께 하는 침묵, 눈빛 하나에도 마음은 흐른다. 그건 음악의 리듬과 같다. 나와 남자 친구는 말 없는 소통, 침묵의 위로, 그리고 음악이 말없이 마음을 전하듯 그냥 옆에 있어 주는 것으로, 그냥 손을 잡아 주는 것으로, 그냥 함께 걷는 것으로 그 독보적인

것을 경험했다. 그것은 가장 완벽한 화음이었다. 관계에서 가
장 중요한 건 말이 아니라 마음이고, 설명이 아니라 존재이며,
조언이 아니라 함께함이다. 그것이 침묵 속에서 들리는 가장
아름다운 선율, 즉 음악이 주는 교훈이다.

철학적 해석이 필요한 단어

stand apart from ~ : ~중에서 독보적이다, 돋보이다

069

의지의 직접적 표현
– 음악이 말하는 것

Music does not imitate the Ideas
but expresses the will itself directly.

음악은 이데아(본질)를 모방하지 않고 의지 그 자체를 직접 표현한다.

음악은 감정을 묘사하거나 설명하는 게 아니라 그 감정이 살아 움직이게 만든다. 그래서 음악을 들을 때 우리는 아무 이유 없이 울 수도 있다. 인간관계도 그렇다. 단어보다 행동, 표현보다 존재 자체가 더 큰 울림을 줄 수 있다. 쇼펜하우어는 음악이 의지를 직접 드러낸다고 했다. 그 의지는 인간이 살아 있으려는 본능, 즉 서로 연결되고 싶어 하는 마음이다. 우리가 누군가를 향해 웃고, 문자를 보내고, 이름을 부르는 것 모두 이러한 의지의 표현이다.

음악으로 첼로를 전공하고 있는 나는 고등학교 졸업 후 아버지와 5년째 말을 안 한다. 맨 처음 대학 입시를 정할 때, 그동안 혼자 학원을 다니면서 배웠던 음악을 전공하겠다고 하자 음악만으로 어떻게 먹고 사냐며 아버지는 반대했다. 하지만 음악이 너무 좋아진 나는 고집을 꺾지 않았다. 아버지는 화를 내시며 "그럼 내 딸 아니다"라며 그날 이후 대학을 졸업할 때까지 말도, 연락도 안 하셨다. 5년 동안 서로 자존심 때문에 가끔은 서로를 그리워하면서도, 서로에게 닿지 못했다. 시간이 흘러 나는 졸업 연주회를 가졌다. 많은 학부모들이 졸업을 축하하러 작은 공연장을 가득 채웠다. 나는 학교에서의 마지막 연주라 떨렸지만 아무 기대 없이 무대에 섰다. 왠지 혼자라 조금 외로웠지만 이내 개의치 않고 연주를 시작했다. 엘가의 첼로 협주곡, 느리고 슬픈 곡에 혼을 담아 연주하는 농안 이상하게 '보고 싶었어요', '미안해요', '사랑해요' 같은, 말로는 하지 못했던 것들이 마음속에서 느껴졌다. 연주가 끝나고 박수가 쏟아졌다. 왜 그랬는지 모르겠는데 내 눈에 눈물이 고였다. 그때서야 무심코 객석을 봤다. 뒷좌석에서 낯익은 얼굴, 아버지가 울고 계셨다. 5년만에 처음 말없이 눈으로 대화했다. 공연이 끝나고 아버지가 다가왔다. 처음으로 5년 만에 "잘했다" 한마디를 해 주셨다. 음악이 말없는 우리를 다시 이어줬다.

쇼펜하우어는 "음악은 이데아를 모방하지 않고 의지 그 자체를 직접 표현한다"고 했다. 그리고 그 의지는 인간이 살아 있으려는 본능, 즉 서로 연결되고 싶어 하는 마음이다. 나의 음악이 드러낸 의지는 아버지와 내가 5년 동안 끊어졌던 관계를 다시 이으려는 마음이었다. 이렇듯 음악은 연결의 의지를 드러낸다. 나의 연주가 끝나고 음악은 멈춰도 그 여운과 감동은 쉽게 사라지지 않는다. 나의 가슴에, 아버지의 마음속에, 서로를 사랑하는 의지의 흔적으로 오래 남는다. 살아 있다는 건 결국, 누군가와 여전히 같은 리듬을 나눈다는 뜻이다. 나와 아버지는 비록 5년 동안 말을 안 했어도 서로 같은 리듬을 나눴기에 살아 있었다. 서로를 그리워하는, 서로를 사랑하는 같은 리듬말이다. 음악이 그것을 증명했다. 쇼펜하우어가 말한 것처럼 같은 리듬을 나누는 것이 바로 살아 있음이고 살아 있는 존재의 연결이다.

철학적 해석이 필요한 단어

imitate : 모방하다
express : 표현하다

불협화음 속의 아름다움
– 화음

Melody reflects the movements of will,
harmony its various grades.

멜로디는 의지의 움직임을, 하모니는 그 다양한 단계들을 표현한다.

멜로디는 한 사람의 마음이고, 화음은 여러 마음이 어우러진 세상의 모습이다. 인간관계도 이와 같다. 각자의 멜로디는 다르지만, 함께할 때 비로소 음악이 된다. 사실 사람마다 감정의 깊이와 속도가 다르기에, 완벽한 조화는 존재하지 않는다. 그러나 진짜 관계는 불협화음 속에서 자란다. 부부, 친구, 가족 등은 서로의 리듬을 배우며 화음을 만든다. 한쪽이 너무 강하면 다른 쪽은 들리지 않고, 둘 다 조용하면 음악은 멈춘다. 관계의 아름다움은 완벽한 음정이 아니라, 어긋나면서도 다시 맞춰가는 과정이다.

음악 교사인 나는 정말 아내와 다르다. 성격은 물론이고 일상생활 패턴도 너무 다르다. 나는 매사에 신중한 편이다. 일이 생기면 시간을 두고 천천히 생각하고, 천천히 결정하고, 천천히 움직인다. 반면 아내는 일 처리가 빠르다. 빨리 판단하고, 빨리 실행하고, 빨리 끝낸다. 결혼 초기에는 이걸로 매번 싸웠다. 아내는 늘 나에게 화를 냈다. "왜 그렇게 느려? 그래서 이 바쁜 세상 제대로 대처하고 살겠어?" 그러면 나는 화가 나서 바로 말했다. "당신은 왜 그렇게 급해? 그러니까 자주 실수하고 안절부절못하는 거 아냐!" 서로가 답답했다. 그러던 음악 수업 중에 학생들에게 화음을 가르치는 날이 있었다. "화음은 다른 음들이 모여 만들어져요. 같은 음만 있으면 화음이 아니에요. 다른 음들이 함께 있어야 아름다워요." 학생들에게 이 말을 전하다가 갑자기 무엇인가 스쳤다. '우리 부부 사이도 그런가? 서로 다른 게 문제가 아니라 오히려 서로가 화음을 만드는 재료인 건가?'

쇼펜하우어는 "멜로디는 의지의 움직임을, 하모니는 그 다양한 단계들을 표현한다"고 했다. 나의 멜로디는 느리다. 느긋하고, 깊이 있고, 차분하다. 나의 의지가 그렇게 움직인다. 반면 아내의 멜로디는 빠르다. 활발하고, 즉각적이고, 역동적이다. 아내의 의지가 그렇게 움직인다. 우리 둘의 멜로디가 다르다.

하지만 우리 둘이 함께하면 하모니가 된다. 나의 느림과 아내의 빠름이 어우러진다. 다양한 단계들이 표현되는 것이다. 하모니는 다양한 의지들이 함께 있을 때 생긴다. 인간관계도 이와 같다. 각자의 멜로디는 다르지만, 함께할 때 비로소 멋진 음악이 된다. 한 사람의 멜로디만 있으면 음악이 아니고 단조로운 소리에 불과하다. 서로 다른 멜로디가 함께해야 풍부하고 웅장하고 아름다운 음악이 된다. 우리는 각자 불완전하다. 하지만 함께하면 음악처럼 완전해진다. 각자의 멜로디를 가지고, 함께 하모니를 만들며, 불완전하고 다르지만 함께, 그것이 관계이며 그것이 사랑이고 그것이 삶이다. 불완전한 사람들의 아름다운 화음이다.

| 철학적 해석이 필요한 단어

reflect : 비추다, 표현하다
the movements of will : 의지의 움직임
various grades : 다양한 단계들

음악이 나를 살렸다
– 존재의 울림

Music is a direct expression of
the metaphysical essence of the world.

음악은 세계의 형이상학적 본질을 직접적으로 표현한다.

음악은 사물이나 사건을 흉내 내는 예술이 아니다. 그것은 세상을 움직이는 '보이지 않는 에너지', 즉 삶의 진동을 그대로 들려준다. 그렇기 때문에 우리는 음악을 들을 때 단순히 '소리'를 듣는 것이 아니라 '존재의 울림'을 느낀다. 언어나 논리보다 깊게 음악은 인간의 마음속 '살아 있으려는 힘'을 울린다. 현대의 사람들은 스트레스와 피로로 감정이 메말라 있을 때 음악을 찾는다. 퇴근길 이어폰 속 잔잔한 노래 한 곡이 하루의 복잡한 생각을 정리해 준다. 그건 단순한 취미가 아니라 인간이 본능적으로 자신의 내면 진동과 다시 맞추려는 행위다. 슬플 때 슬

픈 음악을 듣는 이유도 같다. 그것이 우리의 고통을 정당하게
느끼게 해 주기 때문이다.

드디어 나에게도 번아웃이 왔다. 8년 동안 쉬지 않고 일했다. 프로
젝트, 야근, 주말 근무. 정말 끝이 없었다. 몸도 마음도 이제는 지쳤
다. 어느 날 나는 출근하다 멈췄다. 회사 앞 지하철역 앞에서 다리
가 안 움직여 들어갈 수 없었다. 나는 그날 그냥 집으로 돌아왔다.
3일 동안 침대에 누워 먹지도, 씻지도 못 했다. 마음속도 텅 비었고
아무것도 느껴지지 않았다. 넷째 날, 나는 우연히 스마트폰에서 클
래식 음악을 들었다. 차이콥스키의 '비창'이 흘러나왔다. 처음에는
무감각했지만 음악이 계속되면서, 내면 깊은 곳에서 무언가가 움
직이기 시작했다. 3일 동안 느끼지 못했던 감정이 쏟아졌다. 나는
갑자기 눈물이 났다. 30분간 그렇게 울었고, 음악이 끝난 후 나는
일어났다. 처음으로 창문을 열고 숨을 쉬니 살아 있다는걸 느낄 수
있었다. 음악이 무감각에서 나를 깨웠다. 그 이후로 나는 매일 출근
길, 퇴근길, 집에서 음악을 듣기 시작했다. 음악이 나를 살게 했다.

쇼펜하우어는 "음악은 세계의 형이상학적 본질을 직접적으로
표현한다"고 했다. 음악은 눈에 보이지 않는 삶의 진동을, 존재
의 울림을, 세계의 본질을, 우주의 리듬을 표현한다. 음악은 사

물이나 사건을 흉내 내는 예술이 아니다. 그것은 세상을 움직이는 보이지 않는 에너지, 즉 삶의 진동을 그대로 들려준다. 그렇기 때문에 우리는 음악을 들을 때 단순히 소리를 듣는 것이 아니라 존재의 울림을 느낀다. 음악은 인간이 이성 이전의 차원에서 세상과 연결되는 가장 순수한 통로다. 우리는 음악을 들을 때 생각하지 않고 분석하지 않으며 이해하려 하지 않는다. 그냥 본능적으로 느낀다. 그 순수한 느낌이 우리를 세상과 다시 연결해 주고 우리를 매일 살린다.

철학적 해석이 필요한 단어

a direct expression : 직접적인 표현
metaphysical essence : 형이상학적 본질

072

가장 보편적인 언어
– 음악이 만든 연결

> ### Therefore, music is the most profound and universal language.
> 그래서 음악은 가장 깊고 보편적인 언어이다.

음악은 국적이나 언어이 장벽을 뛰어넘는다. 가사를 몰라도, 슬픈 선율을 들으면 모두 같은 감정을 느낀다. 그 이유는 음악이 인간이 공유하는 '감정의 문법'을 가지고 있기 때문이다. 음악은 철학보다 더 깊은 보편성을 가진 언어다. 말이 아니라 존재로 전달되기 때문이다. 다문화 사회의 축제에서 서로의 말을 몰라도 같은 노래를 부를 때, 우리는 '우리'라는 감각을 느낀다. 어린아이와 노인이 같은 멜로디에 미소 짓는 이유도, 음악이 세대를 잇는 가장 오래된 언어이기 때문이다. 그것이 쇼펜하우어가 말한 '보편적인 언어'의 진정한 의미다.

한국인인 나는 5년 전 미국으로 이민을 와서 살고 있다. 하지만 여전히 외롭다. 아직 영어를 하지만 완벽하지가 않다. 미국인 이웃들과도 대화를 하긴 하지만 깊은 이야기는 못한다. 문화가 다르니 그들이 하는 농담도 잘 이해하지 못한다. 그래서 나는 5년 동안 늘 이방인 같은 심정으로 살았다. 어느 날 동네에서 블록 파티가 열렸다. 이웃들이 모두 외국인이라 처음에는 파티에 참석하는 것조차 어색해서 꺼렸지만 어쩔 수 없이 나갔다. 처음에는 말이 통하지 않으니 한쪽에 서서 미소만 지었다. 그러다 갑자기 누군가 기타를 친다. 모두들 노래를 따라 부른다. 비틀즈의 'Let It Be', 내가 아는 노래였다. 한국에서 노래방에 가면 늘 부르던 노래였다. 영어 발음은 서툴렀지만 자신 있게 같이 따라 불렀다. 내 옆의 미국인 이웃도 나와 함께 부르기 시작했다. 나와 이웃의 목소리가 섞였다. 그리고 노래가 끝난 후 그들이 먼저 와서 아는 척을 하고 나에게 말을 걸었다. 서로 말은 달라도 노래는 같다.

쇼펜하우어는 "음악은 가장 깊고 보편적인 언어다"라고 했다. 음악은 국적이나 언어의 장벽을 뛰어넘는다. 가사를 몰라도, 슬픈 선율을 들으면 모두 같은 감정을 느끼는 것과 같다. 그 이유는 음악이 인간이 공유하는 감정의 문법을 가지고 있기 때문이다. 쇼펜하우어가 말한 것처럼, 감정의 문법은 보편적이다. 그리고 음악은 철학보다 더 깊은 보편성을 가진 언어다. 말이 아니라 존재로 전달되기 때문이다. 우리가 만약 외국인 이웃에게 철학을 설명한다면 영어로 복잡한 개념을 설명하는 것이므로 이해시키기 어려울 것이다. 하지만 음악은 쉽다. 함께 듣기만 하면 된다. 그 자체로서 전달되기 때문이다. 그래서 음악은 철학보다 보편적이다. 피부가 다르고 국가가 다르고 서로의 말이 달라도 같은 노래를 부를 때, 우리는 우리라는 감각을 느낀다. 음악이 그 보편적인 언어로 '우리'를 만들 수 있는 것이다. 그렇게 음악은 가장 깊고 보편적인 언어로 세상을 연결한다.

철학적 해석이 필요한 단어

therefore : 그러므로
the most ~ : 가장 ~한
profound : 깊은, 심오한
universal language : 보편적인 언어

DAY
073

영화관을 나서면
– 일시적 해방의 의미

> **Art gives only temporary release; the will
> soon reclaims us.**
> 예술이 주는 해방은 일시적이며, 우리는 다시 의지의 지배로 돌아간다.

예술은 잠시 우리를 해방시키지만, 곧 삶의 의지가 다시 우리를 붙잡는다. 즉, 예술은 영원한 구원이 아니다. 그렇기에 예술의 역할은 도피가 아니라 '잠시 숨 쉴 수 있는 틈'을 주는 것이다. 휴일 전시회에서 감동을 받아도, 다음 날 출근길에는 다시 불안이 찾아온다. 그러나 그 감동의 흔적이 마음 어딘가에 남아 하루를 버티게 한다. 예술은 문제를 해결하지 않지만 문제를 '감당할 수 있게' 만든다. 그 순간이 잠시더라도, 그건 이미 우리 삶을 구원한 것이다.

금요일 저녁, 나는 영화관에 혼자 가서 2시간 동안 영화를 봤다. 영화 속 주인공의 여행, 모험, 사랑을 보며 점점 영화 속으로 빠져들고 곧 직장 상사, 팀 동료, 회사 업무를 잊는다. 영화관 안에서 나는 자유롭고 해방된다. 한참을 웃고 울고 감동을 받다 보니 영화가 끝났다. 극장을 나서니 밖은 어두웠고 스마트폰을 보니 상사의 메시지가 와 있다. "월요일 회의에 사장님 참석하시니까 10시까지 보고서 준비해 놓기 바람". 나는 현실로 돌아왔다. 다시 회사 업무에 대한 긴장과 불안이 느껴진다. 나는 한숨을 쉬었다. '영화 보는 동안은 좋았는데…' 하지만 나는 곧 영화 보기 전의 나와 본 후의 내가 뭔가 달라졌다고 느꼈다. 여전히 불안하지만, 조금은 견딜 만하다. 영화 속 주인공이 어려움을 극복하는 모습이 기억나면서 무엇인가 희망이 조금 생긴다 여전히 월요일이 두렵지만, 예전처럼 완전히 절망적이지는 않다. 영화가 준 2시간의 해방. 그것이 나를 조금 바꿨다.

쇼펜하우어는 "예술이 주는 해방은 일시적이며, 우리는 다시 의지의 지배로 돌아간다"고 했다. 영화관에서 나는 욕망에서, 불안에서, 스트레스에서 2시간 동안 해방됐다. 하지만 영화가 끝나자 '성공하고 싶다', '인정받고 싶다', '살아남고 싶다'는 욕망이 다시 돌아왔다. 우리에게 예술은 영원한 구원이 아니다.

나 또한 영화로 영원히 구원받지는 못했다. 영화를 봤다고 직장이 바뀌는 것도 아니고 상사가 좋아진 것도 아니고 업무가 줄어든 것도 아니다. 그러나 예술은 문제를 해결하지는 않지만 문제를 감당할 수 있게는 만든다. 상사는 여전히 압박하고 동료와는 여전히 경쟁하고 업무는 여전히 많겠지만 나는 그것들을 어느 정도는 감당할 수 있게 됐다. 영화 속 주인공이 어려움을 이겨내는 걸 봤으니까 '나도 잘 이겨낼 수 있을지도 모른다'는 희망이 생겼다. 잠깐 동안이지만 그것이 바로 삶을 살게 해 주는 구원이다. 그 잠시가 쌓여서 한 주가 되고, 한 달이 되고, 1년이 된다. 그 순간이 잠시였더라도, 그건 이미 구원이며 우리의 삶을 끝까지 버티게 해 주는 원동력이 된다.

철학적 해석이 필요한 단어

temporary release : 일시적 해방
reclaim : 되찾다

너무 많이 느끼는 사람
– 예민함의 고통과 가치

The genius suffers, for even he cannot
escape will forever.

천재도 결국 그 조차도 영원히 의지에서 벗어날 수 없기에 고통을 겪는다.

쇼펜하우어에게 천재는 세상을 남들보다 더 밝게, 더 깊게 보
는 사람이다. 하지만 그만큼 더 고통스럽다. 그는 세상의 부조
리와 인간의 허위를 너무 잘 보기 때문이다. 세상을 이해하는
능력은 동시에 그 세상을 견뎌야 하는 고통을 가져온다. 천재
는 자유로워 보이지만, 사실 누구보다 세계의 무게를 짊어진
존재다. 예술가, 작가, 연구자, 창작자 등이 그 '지나친 감각'의
사람들이다. 그들은 세상의 아름다움을 발견하지만, 동시에
세상의 상처도 함께 느낀다.

소설가인 나는 길거리의 노숙자를 지나칠 때, 그 사람의 표정과 구부정한 등, 옷차림새 등을 유심히 보는 습관이 있다. 처음에는 내 소설의 등장인물로서 유심히 관찰했지만 점점 그 사람의 인생에 대해 상상의 날개를 펴곤 한다. '저 사람은 어떻게 저렇게 됐을까', '누구의 아버지였을까', '어릴 적 꿈은 뭐였을까', 그러다 갑자기 그 사람에 대해 동정이 생긴다. 집에 와서도 그 노숙자의 얼굴을 떠올리며 단순히 작품 이상의 무엇인가를 생각하게 된다. 그러다 점점 나도 마음이 아프고 지친다. 그리고 드디어 소설 속 등장인물로 그 노숙자에 대해 상세히 쓰기 시작한다. 그의 인생을, 꿈을, 좌절을 상상해서 슬픈 이야기를 써 내려간다. 이윽고 나의 소설은 출판되고 독자들이 감동을 받았다고 반응을 한다. 처음에는 자신의 고통이 의미 있었다고 느낀다. 하지만 여전히 아프다. 새로운 노숙자를 볼 때도, 뉴스에서 사고 소식을 들을 때도, 친구의 작은 슬픔을 볼 때도, 깊이 느끼게 되는 버릇이 생긴다. 그리고 그럴 때마다 그들과 같이 아파한다. '이게 재능의 대가인가? 아니면 그냥 약점인가?'

쇼펜하우어는 "천재도 결국 그조차도 영원히 의지에서 벗어날 수 없기에 고통을 겪는다"고 말했다. 내가 소설을 쓸 때는 욕망, 불안, 고통에서 잠시 벗어난다. 나는 창작의 순간에는 자유롭다. 하지만 영원히는 아니다. 소설을 다 쓰고 나면 다시 현실

제3권 | 예술로서의 세계

과 의지의 세계로 돌아온다. 새로운 노숙자의 고통이 다시 보이고, 세상의 부조리가 다시 느껴지고, 나는 다시 아파한다. 쇼펜하우어는 '천재는 세상을 남들보다 더 맑게, 더 깊게 보는 사람이다. 하지만 그만큼 더 고통스럽다'고 했다. 예술에 빠져 있는 사람들은 세상을 더 깊게 본다. 노숙자 안에서 인간을 보고, 쓰레기 속에서 삶의 비극을 본다. 남들보다 표면 아래의 이야기를, 보이지 않는 고통을 보기 때문에 더 고통스럽다. 그래서 지나친 감각은 그들에게는 양날의 검이다. 하지만 그 고통은 재능의 대가가 아니라, 인간 깊이의 증거이다. 그리고 세상을 더 깊이 느끼는 사람일수록 더 쉽게 아프지만, 그들이 결국 세상을 더 아름답게 만든다.

철학적 해석이 필요한 단어

genius : 천재, 창작자
suffer : 고통스럽다
for even : ~조차 ~때문에
escape : 피하다
forever : 영원히

075

진정한 구원
– 미적 관조의 한계

> **True salvation requires not aesthetic contemplation but the denial of the will itself.**
>
> 진정한 구원은 미적 관조가 아니라 의지 자체의 부정에서 온다.

예술은 잠시 고통을 잊게 하지만, 인간의 근본적 고통은 '끊임 없는 욕망'에서 온다. 궁극적인 평화는 감상의 순간이 아니라, 욕망의 불길을 끄는 데 있다. 의지를 부정한다는 것은 삶을 포기하는 것이 아니라, 집착을 내려놓는 일이다. 그 순간 인간은 비로소 세상과 싸우지 않고, 세상과 함께 흐를 수 있게 된다. 우리는 끊임없이 '더 좋은 삶'을 추구하지만, 그 끝엔 늘 공허가 있다. 욕망을 줄이는 삶이 진짜 구원의 시작이다. 명상, 산책, 단순한 생활 등은 욕망의 속도를 늦추는 연습이다.

사업을 하는 나는 늘 새해 목표를 세우고 그에 맞는 매출을 달성하고 있다. 회사가 잘될수록 사옥을 더 크게 지었고 직원들을 더 뽑았으며 더 많은 성과를 이루려고 노력했다. 물론 여유가 생겨 간간이 여행도 가고 전시회와 음악회도 다녔다. 그러면서 매해 회사의 차기 목표 매출액을 점점 높였고 타사와의 경쟁에서 뒤떨어지지 않기 위해 부단히 노력했다. 어느 날 나는 사장실에서 쓰러졌다. 조금만 늦게 발견되었다면 큰일 날 뻔했다. 생명이 위험했을 수도 있었다는 생각을 하니 침대에서 여러 생각이 들었다. '이렇게 사는 게 맞는 건가? 내가 죽으면 사업이 대체 무슨 소용이지?' 퇴원 후 나는 달라지기로 했다. 먼저 지나친 회사 목표부터 줄이기로 했다. 회사 발전을 포기하지는 않지만, 그렇게 숫자에 집착하지 않기로 했다. 지금처럼 어려운 시기에 유지하는 것으로도 충분하다고 받아들이고 남은 시간은 친구의 추천으로 명상을 시작했다. 매일 아침 10분. 앉아서 숨만 쉬었다. 처음에는 정말 어색했다. '이게 뭐가 도움이 되지?' 하지만 계속했다. 한 달 후, 나는 스스로 욕망이 조금 줄어든 것을 느꼈다. '꼭 매해 회사 매출이 더 증가해야 하나?', '꼭 이 업계에서 1등을 해야 하나?'라고 스스로 질문하게 됐다. 그리고 답했다. '아니야. 지금도 괜찮아.' 나는 처음으로 평화로워졌다.

쇼펜하우어는 "진정한 구원은 미적 관조가 아니라 의지 자체의 부정에서 온다"고 했다. 나는 영화, 음악, 미술 등 틈틈이 예술로 잠시 위로받았다. 그것들이 나의 스트레스를 잠시 잊게 했다. 진정한 구원은 아니었다. 전시회나 음악회가 끝나면 다시 욕망으로 돌아왔다. 하지만 명상은 달랐다. 욕망 자체를 내려놓게 했다. 질문에 답을 주었고 의지를 부정하게 했다. 그것이 진정한 구원이었다. 의지를 부정한다는 것은 삶을 포기하는 것이 아니라, 집착을 내려놓는 일이다. 우리는 의지를 부정한다는 게 단순히 아무것도 안 하는 거고 아무것도 원하지 않는 거라고 오해할 수 있다. 하지만 아니다. 일은 여전히 하고 목표도 계속 세운다. 하지만 집착하지 않는다. 삶을 포기한 게 아니라 '매출을 달성 못 해도 괜찮아', '꼭 업계 1등을 못 해도 괜찮아'라며 집착을 내려놓는 것이다. 우리는 이루지 못해서 괴로운 게 아니라, 끝없이 원하기 때문에 괴롭다. 이제는 그것을 알아야 한다. 욕망을 줄이는 삶이 진짜 구원의 시작이다. 구원은 멀리 있는 이상이 아니라, 지금 숨을 고르는 바로 이 순간이다.

철학적 해석이 필요한 단어

salvation : 구원
require : 요구하다
not A but B : A가 아니라 B이다
aesthetic contemplation : 미적 관조
the denial of the will itself : 의지 자체의 부정

제4권

윤리으로서의
세계

윤리는 '선한 행동'보다
'욕망의 초월'을 중시한다

076

무엇을 원하는지
모르겠어요

[**The world is my will.**

세계는 나의 의지이다.]

세계는 단순한 '인식의 대상'이 아니라 '살고자 하는 충동' 그 자체이다. 즉, 인간 존재의 본질도 '이성적 존재'가 아니라 '욕망하는 존재'로 규정된다. 우리가 살아가며 느끼는 끝없는 결핍, 경쟁, 고통은 모두 이 의지의 표현이다. 우리가 끊임없이 욕망하고, 만족해도 다시 결핍을 느끼는 이유는 이 의지가 멈추지 않기 때문이다.

직장 3년 차인 나는 내 생활이 늘 부족하다고 느낀다. 연말 연봉이 올라서 기뻤지만 다음 날부터 또 통장 잔고는 부족하다. '이 정도로는 안 돼. 더 벌어야 해.' 부단히 노력을 했고 드디어 승진을 해서 행복했다. 그 후 또 다시 무엇인지 모르게 불안하다. '집값 오르기 전에 집을 사야 해.' 열심히 노력해서 대출을 받고 새 집을 장만했다. 만족했다. 그리고 한 달 후부터 또 욕심이 난다. '더 좋은 동네에 살고 싶어. 더 큰 평수에 살아야 해.' 스스로 이해할 수 없었다. '왜 난 만족을 못 하지? 왜 항상 더 원하지?' 어느 날 친구에게 고민을 털어놓았다. "나 뭘 가져도 만족이 안 돼." 친구가 말했다. "너만 그런 게 아니야. 다들 그래."

어느 날 나는 심리 상담을 받았다. 상담사가 물었다. "정말 원하는 게 뭔가요?" 나는 골똘히 생각했다. '내가 뭘 원하지? 돈? 승진? 집?' 하지만 더 깊이 생각하니 답이 없었다. '사실 뭘 원하는지 모르겠어요. 그냥 더 원하게 돼요.' 그러자 상담사가 말했다. "그거 욕망 자체예요. 끝이 없어요. 채워도 채워지지 않아요. 그게 인간이에요." 나는 충격받았다. "욕망에 끝이 없다고요? 그럼 나는 영원히 만족 못 하는 건가요?" 상담사가 답했다. "욕망을 없앨 수는 없어요. 하지만 알아차릴 수는 있어요. '아, 내가 또 욕망하고 있구나.' 이렇게요."

쇼펜하우어는 "세계는 나의 의지이다"고 했다. 우리가 보는 세계는 무엇인가? 객관적 현실이 아니다. 우리의 의지로 구성된 세계다. '더 벌고 싶다', '더 올라가고 싶다', '더 갖고 싶다' 라는 것은 우리의 의지가 만든 세계다. 이렇게 세계는 의지로 구성된다. 즉, 세계는 단순한 인식의 대상이 아니라 살고자 하는 충동 그 자체이다. '살아남아야 해', '성공해야 해', '뒤처지면 안 돼'라는 충동이 세계를 만든다. 우리가 끊임없이 욕망하고, 만족해도 다시 결핍을 느끼는 이유는 이 충동이 멈추지 않기 때문이다. 인간이니까 이 욕망을 완전히 없앨 수는 없다. 하지만 제어할 수는 있다. 우선 우리가 보는 세계가 의지로 구성되었고, 욕망으로 만들어졌다는 것을 알아야 한다. 그리고 그 욕망은 끝이 없다는 것도 알아야 한다. 결국 어떻게 이 욕망의 의지를 제어하거나 초월할 것인가의 문제는 윤리의 문제로 이어진다.

DAY
077

이기는 게 전부가 아니다
– 욕망을 내려놓는 윤리

[**Ethics concerns the denial of the will to live.**
윤리학은 '살고자 하는 의지의 부정'을 다룬다.]

윤리의 핵심은 '살고 싶다'는 욕심을 내려놓는 것이다. 쇼펜하우어의 윤리는 '선한 행동'보다 '욕망의 초월'을 중시한다. 삶의 의지는 생존 본능이지만, 그것이 지나치면 타인을 해치고 스스로 소모시킨다. 진짜 윤리란 '살고자 하는 의지'를 제어하는 능력, 즉 집착하지 않는 마음이다. 이것은 포기가 아니라, 더 높은 수준의 자유다.

변호사인 나는 늘 법정 소송에서 백전백승이다. 나는 늘 협상에서, 심지어 동료와의 대화에서도 이기는 게 당연했다. 내가 맡은 소송에서 늘 이겼고 연봉이 제일 높았고 결국 동기들보다 빨리 파트너 변호사가 됐다. 하지만 나는 늘 외롭다. 동료들이 나를 피하는 것 같다. "너는 너무 공격적이야", "함께 일하기 힘들어". 어느새 내 가족도 힘들어하는 것이 느껴졌다. 아내가 말했다. "왜 집에서까지 이겨야 해? 우리는 적이 아니잖아." 아들이 말했다. "아빠는 항상 옳아야 해요. 그래서 피곤해요." 나는 혼란스러웠다. '나는 늘 옳았어. 늘 옳은 소리로 단지 사람들 사이에서 살아남으려 했을 뿐인데. 뭐가 잘못된 거지?'

쇼펜하우어는 "윤리학은 살고자 하는 의지의 부정을 다룬다"고 했다. 나의 살고자 하는 의지는 무엇이었나? '살아남아야 해', '이겨야 해', '뒤처지면 안 돼' 이 의지가 나를 움직였다. 하지만 그것이 나를 고립시켰다. 내가 옳았어도 나는 동료를, 가족을, 자신을 해쳤다. 진짜 윤리는 무엇인가? 윤리의 핵심은 살고 싶다는 욕심을 내려놓는 것이다. 나의 욕심은 무엇이었나? '내가 더 옳다, 그러니 더 성공하고 싶다, 더 인정받고 싶다. 더 살아남고 싶다.' 이러한 욕심이 나를 전사로 만들었다. 그동안 나는 모든 상황을 정답이 있는 전쟁터로 봤다. 하지만 윤리는 '꼭 성공해야 하나?', '인정 못 받으면 어때?', '조금 손해 봐도 괜찮지'라며 그것을 내려놓는 것, 즉 욕심의 포기다. 쇼펜하우어의 윤리는 선한 행동보다 욕망의 초월을 중시한다. 내가 선한 행동을 안 한 것은 아니다. 때로는 기부도 했고, 사회적 약자들을 위해 로펌 사람들과 함께 봉사도 했다. 하지만 그것이 윤리였냐 하면 아니다. 여전히 나는 욕망 속에 있었다. 나의 삶의 의지는 생존 본능이지만, 그것이 지나치면 타인을 해치고 스스로 소모시킨다. 나의 생존 본능은 지나쳤다. 모든 것에서 옳고 그름을 따져 타인을 이겨야 했다. 그래서 동료를 해쳤고 경쟁에서 밀어냈고 심지어 나의 가족까지 힘들게 했다. 지나친 의지는 파괴적이다. 그래서 진짜 윤리란 선한 행동이 아니라, 남을 해칠 수도 있는 나의 지나친 의지부터 제어하는 능력, 즉 집착하지 않는 마음이다.

철학적 해석이 필요한 단어

ethics : 윤리학
concern : ~에 관한 것이다
the denial of the will to live : 살고자 하는 의지의 부정

078

의지의 부정
- 진정한 자유

> ### To deny the will is to free oneself from individual striving.
>
> 의지를 부정한다는 것은, 자신을 개별적 욕망으로부터 벗어나게 하는 것이다.

의지를 부정한다는 건, 세상과 등을 돌리는 게 아니다. 그건 더 이상 타인과 자신을 비교하지 않는다는 뜻이다. 우리는 직장, 학교, SNS 등에서 직급, 성적, 외모, 재산 등 끊임없이 비교하며 산다. 하지만 비교는 끝이 없고, 결국 자신을 소모시킨다. 진짜 자유는 더 높이 오르는 것이 아니라, 멈춰 서서 자신을 받아들이는 데 있다. 누군가보다 늦더라도, 자신만의 속도로 걷는 사람은 이미 경쟁에서 벗어난 사람이다.

나는 5번 재수를 한 끝에 군대까지 마친 후 26세에 늦깎이 의대생이 되었다. 주변 동기들은 19살이었다. 나보다 대부분 7살이나 어렸다. 나는 매일 '저 친구들은 젊어', '나는 너무 늦었어'라며 어린 친구들과 나를 비교했다. 시험 성적도 비교했다. 동기들이 더 잘 보면 '역시 나이 들면 머리가 안 돌아가', '젊은 애들이 더 똑똑해'라며 조급해 했다. 그래서 다른 동기들보다 뒤처지지 않기 위해 잠도 줄이고, 쉬지도 않고 하루 종일 공부했다. 하지만 성적은 늘 중간이었다. 나는 대학 생활을 하면서 점점 우울해졌다. '내가 왜 이 길을 선택했지?' 나는 후회했고, 그러면서 육체적으로, 정신적으로 지쳐갔다. 어느 날 나는 쓰러졌다. 일주일간 잠도 제대로 못 자고 제대로 못 먹고 제대로 못 쉰 결과였다. 병실에서 누워있는데 어린 동기들이 병문안을 왔다. 모두들 한결같이 나를 경쟁 상대나 자신들보다 뒤떨어지는 나이 많은 형으로 생각하지 않고 단순한 동기로 대해 주는 것 같아 속으로 놀랍고 조금 창피했다. 동기들이 돌아가고 나서 나는 혼자 생각했다. '나는 왜 혼자 그렇게 생각했을까?'

쇼펜하우어는 "의지를 부정한다는 것은, 자신을 개별적 욕망으로부터 벗어나게 하는 것이다"라고 말했다. 나의 개별적 욕망은 무엇이었나? 단순히 '성적을 잘 받고 싶다', '훌륭한 의사가 되고 싶다' 라는 것을 떠나서 동기들보다 나이가 많다는 것을 의식해서 '젊은 사람들보다 잘하고 싶다', '나이가 많으니 뒤처지면 안 된다'라는 다급한 비교 의식이 욕망이라는 의지의 집착에서 헤어 나오지 못하게 한 것이다. 의지를 부정한다는 건, 세상과 등을 돌리는 게 아니다. 그건 더 이상 타인과 자신을 비교하지 않는다는 뜻이다. 즉, 의지 부정은 비교를 멈추는 것이다. 우리는 사실 알게 모르게 끊임없이 비교한다. 하지만 비교는 끝이 없고, 결국 자신을 소모시킨다. 진짜 자유는 더 높이 오르는 것이 아니라, 멈춰 서서 자신을 받아들이는 데 있다.

늦어도 괜찮다. 남들과 달라도 괜찮다. 중간이어도 괜찮다. 쇼펜하우어가 말한 것처럼, 비교를 멈추는 것이 진정한 자유다. 더 높이 오르는 게 아니라 자신을 받아들이는 것, 그리고 경쟁에서 이기는 게 아니라 경쟁에서 벗어나는 것, 그렇게 자신만의 속도를 찾는 것이 자유로운 삶이다.

철학적 해석이 필요한 단어

free A from B : B로부터 A를 벗어나게 하다
oneself : 나 자신, 스스로
individual striving : 개별적 욕망

079

다 힘들다
- 고통의 연대

> **This begins when one recognizes all suffering as essentially one.**
>
> 이 윤리적 태도는 모든 고통이 본질적으로 하나임을 깨달을 때 시작된다.

인간은 각자의 고통이 특별하다고 느끼지만, 사실 고통의 본질은 모두 같다. 즉, 나의 슬픔과 타인의 슬픔은 다르지 않다는 깨달음 속에서만이 진정한 공감이 자란다. 누군가의 눈물을 볼 때, 우리는 그 이유를 완벽히 알 수 없지만, 그 감정의 무게는 안다. 가난, 상실, 외로움, 불안 등 형태는 달라도 고통의 근원은 같다. 이 사실을 깨닫는 순간, 인간은 타인에게 더 관대해진다. 상대의 고통을 "이해할 수 없다"고 말하는 대신, "나도 저런 순간이 있었다"라고 느끼게 된다. 그때 연민이 싹트고 경쟁심은 사라진다.

정신과 의사인 나는 요즘 매일 현대인들의 고통을 상담한다. 직장인들은 주로 상사가 괴롭히거나 매일 야근이라 정신적으로 힘들다는 하소연이 많다. 주부들의 경우는 아이 육아에 대한 어려움을 많이 토로한다. 대학생의 경우는 취업이 안 되서 미래가 불안해 우울해하는 경우가 많았다. 나는 이러한 사람들을 대하면서 생각했다. '나 때는 다들 어려워도 잘 견디고 살았는데, 요새는 이렇게나 다들 별 이유로 각자 힘들구나. 다들 어떻게 견디려고?' 하지만 시간이 지나면서 가만 생각해보니, 나도 과거 이들과 같은 위치에서 이들과 같은 고민과 고통을 느꼈던 것 같다. 지금 이러한 직장인의 고통, 주부의 고통, 대학생의 고통 등은 표면은 다르지만 본질은 내가 겪은 것과 같다. 그들은 과거의 나처럼 인정받고 싶거나 사랑받고 싶거나 삶에서 안전하고 싶다는 욕구, 즉 나와 같은 결핍, 같은 고통을 가지고 있었다.

쇼펜하우어는 "이 윤리적 태도는 모든 고통이 본질적으로 하나임을 깨달을 때 시작된다"고 말했다. 내가 상담한 직장인, 주부, 대학생 등 모두 다른 사람들이지만 결국 그들의 고통이 하나이며 내 것과 같다는 것을 깨달았을 때 나는 더욱 그들의 말과 고통에 공감하게 됐다. 상담을 하면서 내담자가 우는 이유를 완벽히 알기는 어렵고 그 사람의 삶을 다 알 수는 없다. 하지만 그 감정의 무게는 안다. 나도 직장인으로서, 부모로서, 학생으로서 같이 울어 봤고 그 무게를 느껴 봤으니까. 이러한 사실을 깨닫는 순간, 인간은 타인에게 더 관대해진다. 서로 간의 공통된 경험이 연결을 만들고 그럴 때 남에 대한 연민이 싹트며, 경쟁은 사라지고 세상을 바꾸게 된다.

철학적 해석이 필요한 단어

This : 이러한 윤리적 태도
begin : 시작되다
recognize A as B : A를 B로서 깨닫다
all suffering : 모든 고통
essentially one : 본질적으로 하나

080

말투가 달라진다
– 연민에서 나온 다정함

From this insight arises compassion.

그 깨달음 속에서 '연민'이 생겨난다.

내가 겪은 아픔을 남의 아픔과 연결할 때, 그게 연민이다. 연민은 지식이 아니라 깨달음의 결과다. 인간이 고통의 공통점을 이해할 때 비로소 진정한 사랑이 생긴다. 즉, 세상을 이해할수록 인간은 더 다정해진다. 그러므로 누군가를 위로하는 일은 단순한 친절이 아니라, 깊은 이해의 표현이다.

직장 동기에게 우리 팀원들이 내가 차갑다고 불평한다는 말을 들었다. '일만 알고 감정이 없는 사람'이라는 것이 나에 대한 전체적인 평이라는 것이었다. 나는 그 말을 절대 이해하지 못했다. '나는 늘 정확하게 말했을 뿐인데?' 팀원이 실수하면 팀장으로 지적을 해 주었다. '왜 이렇게 했어요? 다시 하세요." 팀원이 힘들다고 하면 나는 답했다. "다들 힘들어요. 그래도 해야죠." 팀원의 감정은 생각지 않고 오로지 업무, 효율, 성과, 결과만 중요하게 생각한 것은 사실이다. 하지만 나에게 그것은 당연한 논리다. 여기는 회사고 회사는 성취를 위해서 모인 곳이니까. '그게 힘들면 회사를 관두는 게 맞지 않나?' 나는 조금 억울했지만 동기의 말을 그냥 무시하기로 했다. 어느 날 아버지가 쓰러져서 병원에 입원했다. 나는 휴가를 내고 병원에서 아버지를 돌봤다. 힘들었다. 회사 일을 빠질 수 없어 일이 끝나면 병원에 가고, 밤에 간병하고, 잠도 못 자고 다음 날 다시 출근했다. 나 때문에 점점 팀 회의도 건너뛰기 일쑤였고 일일이 업무 체크를 할 시간도 빠듯했다. 몸도, 마음도 지쳐감을 느꼈다. 복기 후 팀원 한 명이 말했다. "팀장님, 저 오늘 조퇴해도 될까요? 어머니가 아프셔서요." 예전의 나였다면 "업무는요? 곧 마감인데?" 라고 말했을 것이다. 하지만 나는 팀원의 얼굴부터 봤다. 걱정과 피곤이 섞인 얼굴을 보자마자 무엇인지 나는 알았다. 그래서 다정하게 말했다. "가세요. 어머니 빨리 쾌차하시길 바랄게요. 업무는 제가 마무리할게요." 팀원이 놀랐다. "정말요? 감사합니다."

쇼펜하우어는 "그 깨달음 속에서 연민이 생겨난다"고 말했다. 고통은 같다는 것, 그 깨달음이 연민을 낳는다. 가까운 사람의 무심한 말에도 마음이 다칠 수 있다는 걸 아는 순간, 우리는 말투를 바꾼다. 말투가 다정해지고 태도가 달라진다. 연민은 세상을 구하는 거창한 도덕이 아니라, 일상의 작은 배려 속에 숨어 있다. 그러므로 타인의 슬픔을 내 일처럼 느낄 때, 세상은 조금 더 부드러워진다. 그러므로 세상을 아는 사람일수록 더 조용하고 다정하다.

철학적 해석이 필요한 단어

insight : 통찰력, 깨달음
arise : 발생하다
compassion : 연민, 동정심

081

타인의 고통 속으로 들어가기
– 연민의 본질

[
**Compassion is the direct participation
in another's suffering.**

연민이란 타인의 고통을 직접적인 자기 고통처럼 느끼는 것이다.
]

쇼펜하우어에게 동정심은 감정이 아니라 '참여'였다. 그는 연민을 단순히 슬퍼하는 마음이 아니라, 타인의 고통속으로 들어가 함께 느끼는 능력이라고 보았다. 인간이 진정으로 도덕적이 되는 순간은, 누군가의 아픔이 나의 일처럼 다가올 때다. 그때 인간의 마음은 분리에서 연결로, 이기심에서 공감으로 이동한다. 진정한 연민은 '불쌍하다'가 아니라 '나도 저 자리에 있을 수 있다'는 감정이다.

30세 직장인인 나는 매일 아침 일찍 일어나 7시에 지하철을 타고 출근한다. 늘 조금 피곤하지만 그래야 회사에 늦지 않는다. 출근 시간 지하철은 늘 사람들로 가득하다. 어느 날 60대로 보이는 아주머니가 지하철을 탔다. 무거운 가방을 들고 있었는데 빈자리가 없으니 아주머니는 손잡이를 잡고 그냥 서 있었다. 스마트폰을 보고 있었는데 그 아주머니가 계속 눈에 들어왔다. '자리를 양보해야 하나?' 나는 생각했지만 이내 망설였다. '나도 피곤한데', '다른 사람이 양보하겠지' 하며 그냥 시선을 스마트폰으로 돌렸다. 하지만 계속 신경이 쓰였다. 나는 그 아주머니를 다시 봤다. 다시 자세히 보니 아주머니의 얼굴은 꽤 피곤해 보였다. 그러다가 갑자기 그런 생각이 들었다. '저 분이 우리 엄마라면?' 나는 주저 없이 일어섰다. "여기 앉으세요." 아주머니가 연신 고맙다고 했다. 나는 서서 가게 되었지만 마음은 편했다.

쇼펜하우어는 "연민이란 타인의 고통을 직접적인 자기 고통처럼 느끼는 것이다"라고 했다. 나의 동정심 또한 단순한 감정이 아니라 참여였다. 아주머니의 고통 속으로 들어간 것이다. 나의 마음은 처음에는 분리되어 있었다. '저 사람은 저 사람, 나는 나' 속으로 '나도 피곤한데' 하는 이기심도 있었다. 하지만 아주머니를 보며 나의 마음은 연결로 이동했다. 현대 사회에서 사람들은 너무 바쁘고, 타인의 고통을 스쳐 지나간다. 나도 거의 그럴 뻔했다. 하지만 나는 멈췄다. 다시 외면했던 아주머니의 고통을 보았고, '우리 엄마였다면' 하면서 느꼈고, 동정심에 참여했다. 쇼펜하우어가 말한 것처럼, 현대인은 스쳐 지나가지만, 누군가는 연민을 느끼고 멈춰야 한다. 그러한 동정심은 약함이 아니라 타인의 고통을 외면하지 않는 용기이다.

철학적 해석이 필요한 단어

compassin : 연민
the direct participation : 직접적인 참여
another's suffering : 타인의 고통

082

내가 틀렸을 수도 있다
– 이기심을 넘어서기

> **True morality springs from
> the overcoming of egoism.**
>
> 진정한 도덕은 이기심을 넘어설 때 시작된다.

쇼펜하우어는 모든 악의 근원을 '자기중심성'이라 봤다. 인간은 본능적으로 자기의 이익을 먼저 생각한다. 하지만 도덕은 그 본능을 넘어설 때 시작된다. '나의 행복'보다 '우리의 행복'을 먼저 생각할 때, 인간은 윤리적 존재가 된다. 지금의 사회는 '나'라는 단어가 지나치게 강조되어 있다. 자기표현, 자기계발, 자기확신 등 이러한 것들로 인해 우리는 때로는 더 외로워진다. 진짜 성숙이란 '내가 옳다'를 내려놓고 '너도 옳을 수 있다'를 받아들이는 일이다.

우리 부부는 요즘 사소한 일로 자주 싸운다. 사실 어제도 설거지 문제로 크게 싸웠다. 내가 먼저 말했다. "설거지는 바로바로 해야지. 왜 쌓아 놔?" 퇴근하면 쌓여 있는 접시들이 너무 보기 싫었기 때문이다. 아내가 반박했다. "나도 바쁘다고. 나중에 할 거였어." 답답해서 내가 목소리를 높였다. "아니, 도대체 나중에가 언제야? 나는 먹은 거 항상 바로바로 하잖아." 아내도 화를 냈다. "그래? 그럼 당신이 다 해. 나는 안 할게." 싸움이 더욱 커졌다. 둘 다 자기가 옳다고 주장했다. "내가 맞아", "아니야, 내가 맞아". 끝이 없었다. 결국 각자화가 난 채로 방으로 들어갔다. 나는 생각했다. '왜 나만 맨날 설거지를 해야 하지?'. 아내도 생각했다. '바빠서 잠깐 미룬 건데 그 상황 하나 이해를 못 해?'

쇼펜하우어는 "진정한 도덕은 이기심을 넘어설 때 시작된다."고 말했다. 나의 이기심은 도대체 무엇이었나? '나처럼 먹은 후 바로 설거지하는 내 방식이 옳아. 그러니 내 말을 들어야 해', 라고 하는 자기중심적 사고였다. 내가 도덕적이 되는 순간은 언제인가? 그 이기심을 넘어서고 '내가 틀렸을 수도 있다', '아내도 그럴 만한 사정이 있었을 것이다', '아내를 이해해야지'라는 타인 중심적 사고일 때다. 아내도 자기 입장만 생각했다. '나는 지금 쉬고 싶어. 나중에 할래'라는 것은 본능이다. 하지만

267

도덕은 그 본능을 넘어서는 것이다. 둘 다 자기중심적이었다. 그것이 악의 근원이었고 싸움의 시작이었다. 만약 둘이 서로 '우리의 행복'을 생각했다면 '우리가 편안하게 살려면 어떻게 해야 할까?', '서로 배려하면 둘 다 행복하지 않을까?'라고 생각 하며 윤리적이 됐을 것이다. 늘 자기중심성이 문제다. 가정에 서, 직장에서, 친구 사이에서 싸움이 끝나지 않는 이유도 언제 나 내가 더 맞다는 고집 때문이다. 그 이기심을 내려놓으면 공 간이 생긴다. 그리고 우리는 그 공간에서 더불어 행복하게 살 수 있다.

철학적 해석이 필요한 단어

true morality : 진정한 도덕
spring from : 예기치 않게 나타나다
the overcoming of egoism : 이기심 극복

DAY
083

하지 않으려는 마음
- 정의

[
**Justice is the negative virtue of
not harming others.**

정의란, 타인에게 해를 끼치지 않으려는 소극적인 미덕이다.
]

쇼펜하우어는 정의를 '무엇을 하느냐'보다 '무엇을 하지 않느냐'로 보았다. 그는 진정한 정의는 적극적인 행동 이전에, 해를 끼치지 않으려는 마음에서 시작된다고 했다. '하지 않는 선함'이야말로 인간이 지킬 수 있는 최소한의 도덕이다. 즉, 정의란 의로운 외침보다 조용한 절제가 더 중요하다는 뜻이다. 정의는 종종 거창한 구호로 소비되지만 진정한 정의는 상대의 약점을 이용하지 않는 일, 뒷말로 누군가를 상처 주지 않는 일, 타인의 실수를 즐기지 않는 일 등 '본인부터 하지 않는' 작은 행동에서 드러난다.

곧 과장 발표를 앞두고 나는 우연히 입사 동기 김 대리의 비밀을 알게 됐다. 점심시간에 화장실에서 김 대리가 전화하는 소리를 들었다. "미안해, 면접 다녀오느라 늦었어." 김 대리는 다른 회사로 이직을 준비 중이었다. 나는 사실 놀랐다. '이제 곧 과장 발표를 하는데 이직을 하려 하는구나.' 나는 아무 일 없다는 듯이 내 자리로 돌아왔다. 다른 동기들이 모여서 수다를 떨고 있었다. 한 동기가 내게 물었다. "김 대리 어디 갔어?" 나는 순간 망설였다. '이걸 말해야 하나?' 동료들은 궁금해했다. 나는 내가 말하면 소문이 퍼질 것이라는 것을 알고 있었다. 그러면 김 대리는 과장 발표 대상에서 제외될 것이고 그러면 경쟁상대 하나가 없어질 것이다. 하지만 본인이 아닌 다른 사람 입에서 먼저 말이 나오면 김 대리가 곤란해질 것이다. 그래서 나는 말하지 않고 모른 척하기로 했다. 본인이 직접 말하기 전까지 지켜주기로 했다. "몰라. 화장실 간 것 같은데." 화장실에 있었으니까 거짓말은 아니었다. 며칠 후 김 대리가 내게 말했다. "고마워. 자네가 말 안 해 준 거 알아." 나는 놀랐다. "어떻게 알았어?" 김 대리가 답했다. "오늘 인사팀에 가서 퇴사 이야기를 했더니 다들 놀라더라고. 아무도 몰랐어. 너는 알았을 텐데 말 안 해줬구나." 나는 웃었다. "당연하지. 네 일인데 내가 왜 말해." 김 대리가 고마워했다. "요즘 같은 세상에 그런 사람 드물어. 고마워." 나는 느꼈다. 거창하게 뭘 한 게 아니라, 그냥 하지 않았을 뿐인데도 동기를 지킬 수 있었다는 것을.

쇼펜하우어는 "정의란, 타인에게 해를 끼치지 않으려는 소극적인 미덕이다"고 했다. 나의 정의는 무엇이었나? 적극적으로 뭘 한 것이 아니다. 김 대리에게 해를 끼치지 않으려고 소극적으로 무엇을 하지 않은 것이다. 그것이 미덕이다. 쇼펜하우어가 말한 것처럼, 정의는 하지 않는 것이다. 사람들은 정의를 무엇을 하는 것으로 생각한다. '정의를 외치다', '불의와 싸우다'와 같은 적극적 행동을 상상한다. 하지만 쇼펜하우어는 다르게 봤다. 해를 끼치지 않는 것, 상처 주지 않는 것같은 소극적 태도, 그것이 정의다.

철학적 해석이 필요한 단어

justice : 정의
the negative virtue : 소극적 미덕
harm : 해하다, 해치다

084

고통을 덜어 주는 마음
– 자비

> ### Loving-kindness is the positive virtue of relieving others' suffering.
>
> 자비란, 타인의 고통을 덜어 주려는 적극적 미덕이다.

단순히 '나쁜 일 안 하기'에서 멈추지 않고, 누군가의 슬픔을 덜어 주려는 마음이 진짜 선이다.

정의가 '해를 주지 않음'이라면, 자비는 '고통을 덜어줌'이다. 쇼펜하우어에게 자비는 가장 적극적인 선의 형태였다. 그는 진짜 선한 사람은 단지 악을 피하는 데 그치지 않고 고통받는 사람을 돕기 위해 스스로 움직인다고 말했다. 자비는 이해에서 나오지만, 행동으로 완성된다.

편의점에서 알바를 하는 나는 매일 밤 10시부터 새벽 6시까지 일한다. 하루하루가 너무 힘들다. 하지만 학자금 대출을 갚아야 해서 쉴 수가 없다. 어느 날 새벽 2시, 70대로 보이는 할머니 한 분이 들어 오셨다. 그리고는 김밥 하나를 들고 계산대로 오셔서 지갑을 꺼냈다. 동전을 꺼내려는데 500원짜리가 떨어져 그만 카운터 밑 바닥 속에 들어가 버렸다. 할머니는 "미안해요. 손이 말을 안 들어서…"하며 당황해했다. 할머니 뒤에 줄 선 손님들은 짜증이 난다는 표정이었다. 나는 다음 손님부터 계산할 수 있었지만 그렇게 하지 않았다. 그렇게 된다면 이 할머니는 모든 손님이 계산을 끝낼 때까지 당황하며 기다리실 것이다. 대신 "괜찮아요. 천천히 하세요."하며 할머니가 나머지 동전 세는 것을 도왔다. 그리고 나머지 500원은 내 호주머니에서 꺼내 드렸다. 시간이 걸렸고 뒤의 손님들이 불평했지만 나는 신경 쓰지 않았다. 할머니의 고통을 덜어 주는 게 더 중요했으니까.

쇼펜하우어는 "자비란, 타인의 고통을 덜어 주려는 적극적 미덕이다"고 했다. 나의 자비는 할머니의 고통을 덜어 주기 위해 동전 세는 것을 천천히 기다려 주고, 카운터에 들어가 버린 500원을 대신 내 드린 것이다. 쇼펜하우어가 말한 것처럼, 자비는 적극적으로 남의 고통을 덜어 주는 것이다. 단순히 나쁜

일 안 하기에서 멈추지 않고, 누군가의 슬픔을 덜어 주려는 마음이 진짜 선이다. 나는 내 생활이 빠듯하고 피곤했음에도 내 앞의 할머니를 무시하지 않았고 조금도 짜증 내지 않았다. 거기서 더 나아가 잃어버린 동전을 대신 내 주었다. 내가 결코 돈이 많아서가 아니었다. 그냥 진짜 선은 나보다 남의 고통을 덜어 주는 것이기 때문이었다. 자비는 거창한 희생이 아니라, 삶 속의 따뜻한 습관이다. 그리고 그 습관이 쌓이면, 세상은 조금 덜 차가워진다. 거창하지 않지만 따뜻하게, 희생이 아니라 습관으로, 자비는 삶 속의 따뜻한 습관이다.

철학적 해석이 필요한 단어

loving-kindness : 자비
the positive virtue : 적극적 미덕
relieve : 덜어 주다, 경감시키다

085

노력하지 않아도
– 의지의 변화

[[
**Moral insight is not a motive for action
but a transformation of will.**

도덕적 통찰은 행동의 원인이 아니라, 의지 자체의 변화이다.
]]

도덕적인 깨달음은 행동의 이유가 아니라, 마음 자체가 바뀌는 것이다. 쇼펜하우어는 도덕이 '결심'이 아니라 '변화'라고 말했다. 진정한 선함은 머리에서 나오는 게 아니라, 의지 자체가 변하는 것에서 시작된다. 우리는 종종 "이건 옳으니까 해야지"라고 생각하지만, 그건 여전히 의무의 차원이다. 도덕적인 사람은 옳은 행동을 '선택'하는 게 아니라, 그 외의 선택이 마음에서 자연히 사라진 사람이다.

종합병원에서 의사로 재직 중인 나는 처음에는 그 많은 환자들을 대하기가 너무 힘들었다. 늘 마음속으로는 친절하고 환자에게 공감해야겠다고 생각했지만 쉽지 않았다. 아무 것도 아닌 걸로 환자가 불평하면 짜증부터 났다. 자신의 병에 대해 알려줘도 환자가 이해 못하면 답답했다. 하지만 의사니까 억지로 참고 웃었다. 그러면서 오히려 나는 지쳐갔다. 매일 퇴근 후 녹초가 됐다. 그러던 어느 날 아버지가 교통 사고로 병원에 입원하게 됐다. 나는 처음으로 의사가 아니라 보호자가 됐다. 입원실에서 환자 가족으로 지내 보니 환자의 불안을, 가족의 조급함을, 기다림의 답답함을 경험하게 되었다. 그 때 나는 조금씩 환자들의 기분을 이해할 수 있었다. 아버지가 퇴원하신 후, 나는 달라졌다. 환자를 볼 때 더 이상 친절해야겠다 생각하지 않아도 자연스럽게 친절해졌다. 환자가 불평해도 짜증이 안 나는 대신 그가 왜 불안해하는지 느꼈다. 모든 것을 환자의 입장에서 느끼고 생각하게 되었다. 나는 별 노력을 하지 않았지만 마음이 변한 것을 알 수 있었다.

쇼펜하우어는 "도덕적 통찰은 행동의 원인이 아니라, 의지 자체의 변화이다"라고 했다. 예전에는 의무적으로 의사니까 친절해야 한다는 원인이 있었다. 하지만 이제는 그런 의지가 자연스럽게 변했다. 환자에 공감하고 자연스럽게 친절하게 되었다. 나의 의지 자체가 바뀐 것이다. 쇼펜하우어가 말한 것처럼, 진짜 변화는 의지의 변화다. 도덕적인 통찰은 외부의 규칙에 순응하는 게 아니라, 마음의 방향이 바뀌는 일이다. 나는 예전에는 이러이러해야 한다고 하는 외부 규칙을 따랐다. 하지만 이제는 마음의 방향이 환자의 고통을 느끼고 환자를 이해하는 쪽으로 자연스럽게 바뀌었다. 이토록 진정한 선함은 머리로 생각해서 나오는 게 아니라, 의지 자체가 변하는 데서 시작된다. 쇼펜하우어가 말한 도덕은 그보다 한 단계 깊다. 도덕적인 사람은 옳은 행동을 선택하는 게 아니라, 그 외의 선택이 마음에서 자연히 사라진 사람이다. 타인을 해치지 않으려 노력하는 게 아니라, 그럴 마음 자체가 아예 들지 않는 상태, 그것이 진짜 도덕이다. 그리고 그 변화는 순간의 결심이 아니라, 오래된 성찰의 결과다.

철학적 해석이 필요한 단어

moral insight : 도덕적 통찰
motive : 이유, 원인
active : 행동
not A but B : A가 아니라 B이다
transformation : 변형

086
본능적으로 손이 나갔다
– 나와 너의 경계

> # The compassionate person sees through the illusion of individuality.
>
> 자비로운 사람은 '나'와 '너'의 구분이 환상임을 안다.

쇼펜하우어는 인간은 스스로 분리된 존재로 착각한다고 했다. 그러나 연민이 깊은 사람은 이 착각을 꿰뚫어 본다. 그는 자신과 타인의 경계가 허물어지는 순간을 경험한다. 진짜 성숙은 나와 너의 경계를 느슨하게 만드는 일이다. 연민이 깊은 사람은 타인의 불행을 남의 일처럼 보지 않는다. 타인의 고통이 곧 나의 고통이 되고, 타인의 행복이 곧 나의 평화가 된다. 이때 인간은 경쟁의 세계에서 벗어나, 하나의 생명으로서 세상을 느낀다.

50대인 나는 어느 날 친구들을 만나고 지하철을 타고 집으로 가고 있었다. 한참을 가다 지하철이 정차하는데 사람들이 워낙 많아 내 부가 조금 흔들렸다. 그때 앞에 서 있던 젊은 여성이 밀려 넘어졌다. 그러면서 그녀의 가방도 바닥에 쏟아졌다. 사람들이 봤지만 아무도 돕지 않고 모두 시선을 돌렸다. 하지만 나는 생각할 새도 없이 본능적으로 손이 나갔다. 여성을 일으켜 세워 주고 가방을 주우면서 물건도 담아줬다. 여성이 고맙다고 했다. 나는 그냥 당연한 일을 한 거라고 하며 일어나 내 자리로 돌아왔다. 문득 그런 생각을 했다. '왜 갑자기 자동으로 몸이 앞서서 그녀를 도왔을까?' 답은 간단했다. '저 사람이 나처럼 느껴졌으니까.' 사실 예전에는 달랐다. 20대, 30대 때는 남의 일에 관심이 없었다. 누가 넘어져도 누가 도와줄 거라 생각하고 그냥 지나쳤다. 굳이 나서기 싫었고 그렇게 나와 남을 철저히 구분했다. 하지만 50대가 되며 아이를 키우고, 부모를 간병하고, 고통을 경험하며 나는 변했다. 나와 남의 경계가 흐려짐을 느꼈다.

쇼펜하우어는 "자비로운 사람은 나와 너의 구분이 환상임을 안다"고 했다. 우리는 겉으로는 나이, 외모, 옷차림 등 제각각 다르다. 하지만 모두 고통받을 수 있고, 넘어질 수 있고, 어려울 때 도움이 필요하다는 본질은 같다. 우리 스스로 분리된 존재로 착각할 수 있지만 연민이 깊은 사람은 이 착각을 꿰뚫어 볼 수 있다. 그런 사람들은 자신과 타인의 경계가 허물어지는 순간을 경험한다.

사실 오늘날의 사회는 끊임없이 나를 강조하며 구분 짓고 경쟁을 부추긴다. 하지만 진짜 성숙은 나와 타인의 경계를 느슨하게 만드는 일이다. 지하철에서 넘어지는 낯선 이를 보고 본능적으로 손이 나간 것, 그건 의무가 아니라, 본능적 자비였다. 그래서 진짜 자비는 본능이다. 즉, 자비는 종교적 덕목이 아니라, 인간 존재의 본래 감각이다. 우리는 종교가 없더라도 자비로울 수 있다. 종교적 가르침 때문이 아니라 우리가 타인과 연결되고 싶은, 타인의 고통을 느끼는 인간이기 때문이다. 우리가 전혀 모르는 타인의 눈물에 마음이 흔들릴 때, 그것이 나라는 환상이 무너지는 순간이다. 그때 우리 인간은 비로소 경계 없이 하나의 세계로 깨어난다.

철학적 해석이 필요한 단어

the compassionate person : 동정하는 사람
see through : 꿰뚫어 보다
the illusion of individuality : 개별화의 환상

087

욕망의 소음을 잠재우기
– 금욕주의

> ## The highest moral stage is asceticism,
> ## the denial of all willing.
>
> 가장 높은 도덕적 단계는 모든 의지를 끊는 금욕주의다.

쇼펜하우어는 금욕을 단순히 절제나 고행으로 보지 않았다. 욕망을 끊는다는 건, 아무것도 안 하는 게 아니라 필요 없는 걸 버릴 줄 아는 힘이다. 그것은 인간 정신이 욕망의 굴레에서 벗어나 '순수한 존재'로 돌아가는 과정이다. 모든 도덕의 궁극은 '하고 싶다'는 충동이 잦아드는 상태다. 진짜 성숙은 욕망을 다 이루는 데 있지 않고, 욕망의 소음을 다스리는 데 있다.

어느 날 나는 미니멀리스트에 관한 다큐멘터리를 봤다. 단 10벌의 옷으로 사는 사람들에 관한 내용이었다. '어떻게 저렇게 살 수 있

지?' 보는 내내 나는 충격받았다. 사실 지금 내 옷장에는 거의 200
벌 이상의 옷이 가득 차 있지만 늘 외출하려면 마땅히 입을 옷이
없었다. 그래서 중독된 것처럼 매번 브랜드 신상이 나올 때마다 쇼
핑을 해서 스스로 위기의식을 느끼고 있던 참이었다. 이해가 가지
는 않았지만 그들의 생활 방식이 몹시 궁금해져서 나도 한번 실험
해 보기로 했다. 한 달 동안 옷 안 사기. 첫 주는 매우 힘들었다. 쇼
핑몰을 자주 들락거렸다. 예쁜 옷도 많았고 신상품도 눈길을 끌었
지만 참았다. 둘째 주부터 이상한 일이 일어났다. 사고자 하는 욕망
이 줄어 들었다. '이 옷이 지금 내게 꼭 필요할까?' 스스로 물었다.
그러면 대부분 내 마음속의 대답은 '아니'였다. 한 달이 지나고 나
는 더 이상 옷을 안 샀다. '내가 이럴 수 있구나.' 놀라웠다. 나는 더
나아가 옷장 정리까지 시작했다. 1년 동안 안 입은 옷은 기부를 했
다. 옷장 속 절반 이상의 옷이 기부로 나갔다. 옷장이 텅 비었다. 그
러자 나는 마음이 가벼워졌다.

쇼펜하우어는 "가장 높은 도덕적 단계는 모든 의지를 끊는 금
욕주의다"라고 했다. 금욕은 단순히 절제나 고행이 아니다. 욕
망을 끊는다는 건 아무것도 안 하는 게 아니라 필요 없는 걸
버릴 줄 아는 것이다. 현대 사회는 더 많이 가지려는 의지를 미
덕으로 여긴다. 하지만 욕망이 많을수록 마음은 불안해지고

세상에 휘둘리기 쉽다. 그래서 금욕은 휘둘리지 않는 힘이기도 하다. 그때 인간은 처음으로 마음의 평화를 얻는다. 이렇게 필요 이상으로 소비하지 않고, 불필요한 경쟁을 멈추며, 충분하다고 느낄 줄 아는 삶이 현대적 의미의 금욕이다. 그것이 욕망을 끊고 평화를 얻는 가장 높은 도덕이다.

철학적 해석이 필요한 단어

the highest moral stage : 가장 높은 도덕적 단계
asceticism : 금욕주의
the denial of all willing : 모든 의지에 대한 부정

쾌락을 멈추다
– 휘둘리지 않는 삶

> ## Asceticism rejects every affirmation of life
> ## —desire, pleasure, and reproduction.
> ### 금욕주의는 욕망·쾌락·생식 등 삶을 긍정하는 모든 행위를 거부한다.

금욕은 욕망, 쾌락, 심지어 생명에 대한 집착까지 내려놓는다. 금욕은 단순히 절제가 아니라, 삶을 긍정하려는 의지를 거슬러 올라가는 선택이다. 쇼펜하우어는 금욕적 인간을 '삶의 구조를 이해한 자'라 불렀다. 그것은 그가 더 이상 욕망의 반복을 추구하지 않기 때문이다. 쇼펜하우어의 말은 '기쁨을 거부하라'가 아니라 '기쁨에 휘둘리지 말라'는 뜻이다. 즉, 삶을 부정하는 것이 아니라, 삶의 반복된 환상에서 벗어나는 일이 금욕이다.

주식 트레이더인 나는 한순간에 연봉이 많이 오르고 여유가 생기게 되자 점점 쾌락에 중독됐다. 매주 고급 레스토랑을 다녔고 한 달에 한 번은 해외여행을 다녔으며 명품 시계와 차를 사며 잠깐 행복했다. 그런데 그 쾌락이 끝나면 늘 공허했다. '이제 뭐 하지?' 나는 또 다른 쾌락을 찾았다. 더 비싼 레스토랑, 더 고급 여행, 더 비싼 명품, 끝이 없었다. 나중에는 쾌락을 쫓는 일에 서서히 지쳤다. 몸도 마음도 점점 힘들어 갔지만 멈출 수는 없었다. 멈추면 공허함이 밀려오기 때문이었다. 밤에는 불안해서 점점 잠도 잘 못 잤다. '나는 뭘 위해 사나?', '이게 행복인가?' 이런 생각이 꼬리를 물었다. 그리고 나는 매일 쉽게 잠들기 위해 술을 마셨다. 그러다 건강도 나빠지고 간 수치도 높아졌다. 의사가 이러다가 큰일 난다고 경고 했다. 하지만 귀에 잘 들어오지 않았다. 이제는 술에 의존하게 되었다. 술을 안 마신 날은 하루도 잘 수가 없었다. 나는 점점 더 크고 자극적인 쾌락에 중독되어 가고 있었다.

쇼펜하우어는 "금욕주의는 욕망·쾌락·생식 등 삶을 긍정하는 모든 행위를 거부한다"고 했다.

그러나 오늘날 사람들은 쾌락을 행복과 동일시한다. 많은 사람들이 여전히 쾌락을 쫓는다. 하지만 쾌락에 대한 만족은 잠깐이고, 곧 또 다른 결핍이 찾아온다. 기쁨을 거부하는 게 아

니라 기쁨에 종속되지 않는 것, 쾌락을 부정하는 것이 아니라
쾌락의 반복을 끊는 것, 그런 삶의 뒤에는 공허함이 줄어들고
그만큼 우리는 더 자유로워진다.

철학적 해석이 필요한 단어

---

asceticism : 금욕주의
reject : 거부하다
every affirmation of life : 그대로 받아들이는 삶
desire : 욕망
pleasure : 쾌락
reproduction : 생산, 생식

살아남기에서
존재하기로

> It suppresses all impulses of the will to live.
>
> 금욕은 '살고자 하는 의지'의 모든 충동을 억누른다.

'살고자 하는 의지'는 모든 생명의 근원이다. 하지만 인간에게 이 의지는 때로 고통의 원인이 된다. 쇼펜하우어는 금욕을 통해 이 충동을 잠재우면, 인간이 더 이상 삶의 굴레에 끌려다니지 않는다고 말했다. 오늘날의 인간은 살아가기보다 '살아남기'에 집착한다. 끊임없이 경쟁하고, 비교하고, 더 나은 나를 증명하려 애쓴다. 그러나 진짜 자유는 '더 살아남기'가 아니라 '더 평온히 존재하기'다.

나의 삶은 내내 경쟁만 했다. 그런대로 고등학교까지는 좋은 시간도 많이 보냈다. 하지만 본격적으로 치열한 경쟁은 법대 입학부터 시작됐다. 동기들과 성적 경쟁, 취업할 때도 경쟁, 누가 더 좋은 로펌에 취직하는지의 경쟁, 로펌에서도 누가 먼저 파트너로 남는가의 경쟁, 끝이 없었다. 나는 늘 긴장하고 살았다. 일을 더 하려고 잠도 줄였고 주말도 없었다. 경쟁자들이 쉬는 동안 일했고 가족과의 시간도 희생했다. '나중에 여유로워지면 그때 같이 시간을 보내자'라는 생각뿐이었다. 하지만 여유는 오지 않았다. 그러던 어느 날 나는 40세를 앞두고 공황장애가 왔다. 갑자기 숨이 막히고 심장이 죄어 왔다. '죽는 건가?' 그대로 병원에 실려 갔다. 어쩔 수 없이 나는 3개월 휴직계를 냈다. 처음에는 회사가 잘 돌아갈지 불안했다. 하지만 어쩐 일인지 회사는 나 없이도 잘 돌아갔다. 나는 속으로 충격받았다. '회사가 나를 항상 필요로 하는 것은 아니었구나.' 아내의 권유로 병원 밖 산책로에서 산책을 시작했다. 매일 아내와 아들과 함께 천천히 걸었다. 처음에는 온갖 걱정으로 머릿속이 시끄러웠고 어려웠지만 곧 식구들의 손을 잡고 걷는 것이 익숙해지니 어느새 나도 모르게 마음이 안정되었다. 입원 한 달 후, 나는 머릿속이 조용해지는 것을 느꼈다. 마음이 평온해졌다.

쇼펜하우어는 "금욕은 살고자 하는 의지의 모든 충동을 억누른다"고 했다. 누구보다 먼저 로펌에서 파트너가 되고, 누구보다 더 많이 벌고, 누구보다 더 높이 올라가는 것이 살아남는 것이 아니다. 진짜 자유는 평온히 존재하는 것이다. 때로는 가족과 함께 산책하며, 같이 숨 쉬며, 가족의 마음과 손길을 몸으로 직접 느끼는 것, 그것이 진짜 자유다. 우리가 살면서 모든 충동을 억누르는 일은 불가능하다. 하지만 그 충동에 끌려가지 않는 건 가능하다. 명상, 산책, 고요한 독서 등 이런 순간들이 의지의 파도를 조용히 잠재운다. 그리고 이러한 평온은 죽음이 아니라, 가장 살아 있는 상태다. 진짜로 존재하기다.

철학적 해석이 필요한 단어

suppresses : 억누르다, 참다
impulse : 강한 욕구나 충동

고통의 선택
– 받아들임의 정화

⟦ **Voluntary suffering purifies and quiets the will.** ⟧
스스로 감내한 고통은 의지를 정화하고 잠잠하게 만든다.

쇼펜하우어는 고통을 피해야 할 재앙이 아니라 의지를 정화하는 과정으로 보았다. 억지로 당한 고통은 인간을 무너뜨리지만, 스스로 받아들이는 고통은 인간을 단단하게 만든다. 고통을 견디는 동안 인간의 의지는 투명해지고, 마음은 고요해진다. 고통은 피할 수 없지만, 그것을 대하는 태도는 선택할 수 있다. 예를 들어 성장을 위한 훈련, 누군가를 위한 희생, 혹은 마음의 용서 등 자신이 선택한 고통은 인간을 정화시킨다.

동창은 남편의 외도 때문에 3년 전 이혼하고 현재 싱글맘이다. 그녀는 갑자기 혼자 두 아이를 키워야 했다. 아이들 돌보고, 집안일하고, 경제 활동을 하고 이 모든 것을 그녀가 다 짊어지고 갔다. 처음에 그녀는 자신의 처지를 분노했고 이렇게 만든 남편을 원망했다. 그것이 점점 커져 세상과 자신의 운명까지도 증오하게 되었다. 그녀는 너무 억울하고 힘들어서 애들 앞에서도 매일 울었다. 엄마가 그렇게 힘들어하니 나중에는 아이들이 불안해했다. 1년이 지나도 상황은 여전히 힘들었다. 하지만 어느 날 점점 기죽어 가는 아이들을 보고 그녀는 깨달았다. 어차피 이 상황은 안 바뀌고 아이들을 위해서라도 그녀가 스스로 바뀌는 수밖에 없다는 것을. 그녀는 스스로 이 고통을 피하지 않고, 원망하지 않고, 있는 그대로 받아들이기로 결정했다. 이유가 어떻든 이혼하기로 선택한 것, 남편이 아닌 본인이 아이들을 키우기로 한 것, 모두 그녀의 선택이었다. 그래서 이 고통도 그녀가 감내하기로 한 것이다. 그 후 그녀는 울음을 멈추고 묵묵히 일하고 아이들을 씩씩하게 돌보기 시작했다. 외롭고 힘든 건 여전했다. 하지만 1년이 지나니 뭔가 다르게 느껴졌다. 우선 고통을 억울함이 아니라 인생의 한 과정으로 받아들이기로 했다. 2년 후 또 달라졌다. 무엇보다 주변을 의식하지도, 비교하지도 않고 스스로 단단해지고 고요해졌음을 느꼈다. 고통이 그녀를 결국 정화시킨 것이다.

쇼펜하우어는 "스스로 감내한 고통은 의지를 정화하고 잠잠하게 만든다"고 했다. 즉, 쇼펜하우어는 고통을 피해야 할 재앙이 아니라, 의지를 정화하는 과정으로 보았다. 우리는 보통 처음에는 고통을 재앙으로 본다. 하지만 그렇게 해서 나아지는 것은 없다. 그러므로 그러한 고통마저도 살아 나가는 과정으로 봐야 한다. 살면서 억지로 당한 고통은 우리를 무너뜨리지만, 스스로 받아들이는 고통은 우리를 단단하게 만든다. 고통을 견디는 동안 우리의 의지는 투명해지고, 마음은 고요해진다. 왜 이런 고통이 생겼는가는 받아들이는 과정에서 우리 마음속 분노와 원망이 사라진다. 외부 요인이 아닌 나 스스로 선택한 것으로 치환되기 때문이다. 이렇듯 고통은 피할 수 없지만, 그것을 대하는 태도는 우리가 선택할 수 있다. 원망하며 살것인가, 받아들이며 살 것인가. 태도는 곧 선택이다. 힘든 일을 회피하지 않고 받아들이는 순간, 마음은 새로운 강인함을 얻는다. 고통을 무조건 사랑하라는 것이 아니다. 고통을 의미 있게 만들라는 뜻이다.

철학적 해석이 필요한 단어

voluntary suffering : 자발적인 고통
purify : 정화하다
quiet : 조용하게 하다

091

호흡 하나로 달라졌다
– 내면의 해탈

Eastern wisdom—Hinduism and Buddhism—
shows the path of liberation.

힌두교와 불교는 의지의 부정을 통한 해탈의 길을 보여 준다.

슈펜하우어는 서양 철학자 중 드물게 동양의 사상을 깊이 존중한 사람이다. 그는 인간의 해방이 신앙이나 논리로 오는 것이 아니라 '내면의 깨달음'에서 온다고 보았다. 힌두교와 불교는 모두 욕망을 내려놓고, 마음의 고요를 찾는 법을 가르친다. 그에게 그것은 단순한 종교가 아니라, 인간이 고통에서 벗어나게 하는 가장 실질적인 철학이었다.

몇 달 간 정신과 상담을 받아도 호전이 되지 않는 나는 점점 더 우울증이 악화되었다. 잠을 못 자는 것은 물론이고, 이제는 약도 들지 않았다. 근본적인 해결 방법이 되지 않았다. 어느 날 아내가 본인이 요가 수업을 듣는 옆 반에서 명상 수업이 열린다며 한번 해 보라고 제안했다. 나는 거부했다. "그런 거 소용없어. 종교 같은 거잖아." 하지만 아내가 계속 권했다. "한 번만 해봐. 해롭진 않잖아." 나는 마지못해 명상 수업에 갔다. 처음에는 모여 있는 사람들도 그렇고 분위기도 어색했다. 강사가 말했다. "아무것도 하지 마시고 눈을 감고 그냥 호흡에 집중하세요." 눈을 감자 주변에 아무 시선도 느껴지지 않았다. 그리고 들이쉬고 내쉬며 호흡을 느꼈다. 사실 처음에는 머릿속에 잡념이 많았다. 하지만 강사가 말했다. "다른 생각이 들면 다시 호흡으로 돌아오세요." 처음 며칠간은 기분 전환 겸 다녔다. 하지만 2주가 지나자 이상한 일이 일어났다. 명상하는 동안은 처음으로 머릿속이 조용해지고 다른 생각이 아예 멈춘 것이다. 신기하게 세상의 소음이 사라졌다. 나는 속으로 놀랐다. 수업이 끝나고 처음으로 평화로움을 느꼈다. 이제 나는 아침마다 명상을 시작한다.

쇼펜하우어는 "힌두교와 불교는 의지의 부정을 통한 해탈의 길을 보여 준다"고 했다. 우리가 명상에서 배우는 것은 종교나 믿음이 아니라 의지의 부정이다. 이 의지를 내려놓고 호흡에 집중하는 그것이 해탈로 가는 길이다. 인간의 해방은 신앙이나 논리로 오는 것이 아니라, 내면의 깨달음에서 온다. 명상을 통해 우리는 의지를 부정하게 되는 자신을 깨닫게 된다. 그리고 진정한 해방은 그러한 내면의 깨달음에서 온다. 현대인들은 끊임없이 더 나은 삶을 향해 달리지만, 마음은 점점 더 피로해진다. 그래서 사회가 발달할수록 요가, 명상, 마음 챙김이 인기를 얻는 이유가 바로 여기에 있다. 그것은 단순한 유행이 아니라, 내면의 해탈을 향한 본능적 탐색이다.

철학적 해석이 필요한 단어

Eastern wisdom : 동양 철학
Hinduism : 힌두교
Buddhism : 불교
the path of liberation : 내면의 자유와 깨달음을 향한 수행의 길, 즉 열반, 해탈

092

멈춤의
자유

> # Denial of the will is the only true freedom.
>
> 의지의 부정만이 진정한 자유다.

쇼펜하우어는 인간의 모든 속박이 '하고 싶다'는 욕망에서 비롯된다고 보았다. 의지를 멈출 수 있을 때, 인간은 자기 안의 평화를 얻는다. 우리는 종종 '자유'를 더 많은 선택권으로 착각한다. 하지만 너무 많은 선택은 오히려 불안을 만든다. 쇼펜하우어의 자유는 외부의 허락이 아니라, 내면의 멈춤이다. 해야 할 일을 잠시 멈추고, "지금 이대로 충분하다"고 느끼는 순간, 인간은 이미 자유롭다.

나는 주중에는 일하고, 주말에는 약속이 가득하다. 친구도 만나야 하고, 데이트, 모임, 운동 등 거의 빈 시간이 없었다. 나는 그것이 자유롭게 잘 사는 것이라고 생각했다. 내가 하고 싶은 걸 다 하고 있기 때문이다. 하지만 이상하게 늘 피곤하고 불안했다. '다음엔 뭐 하지?', '주말에 뭐 할까?', '친구들은 뭐 하나?' 머릿속이 시끄러웠다. 잠에 들기 전에도 휴대폰을 항상 봤다. SNS, 메시지, 이메일. 끊임없이 보다 보니 이것저것 궁금해서 멈출 수가 없었다. 그러다 보면 새벽 2시를 넘어 잠에 들곤 했다. 잠을 제대로 못 자니 다음날도 늘 피곤했다. 어느 주말, 감기가 심하게 와서 모든 약속을 취소하고 집에 혼자 있었다. '친구들은 놀고 있을 텐데, 나만 집에 있네'. 왠지 답답했지만 몸이 말을 안 들어서 그대로 누워 있을 수밖에 없었다. 어차피 오늘은 나갈 수가 없어서 친구들에게 연락 오는 것두 귀찮아 잠시 휴대폰을 껐다. 그리고 아무것도 하지 않고 그냥 누워 있었다. 그러기를 2시간 후, 갑자기 잠에서 깼다. 오랜만에 너무 편하게 잤다. 신기하게도 불안감도 사라졌다. 대신 못 느껴본 평온함을 느꼈다. 남과 연결되지 않았던 진짜 자유였다.

쇼펜하우어는 "의지의 부정만이 진정한 자유다"라고 했다. 모든 속박은 하고 싶다는 욕망에서 비롯된다. 그런 욕망의 의지를 멈출 수 있을 때, 인간은 자기 안의 평화를 얻는다. 나도 자유를 내게 주어진 많은 선택권으로 착각했다. 주말에 많은 약속을 골라서 잡을 수 있다는 것을 내 자유로 본 것이다. 하지만 결국 너무 많은 선택이 나를 불안하게 만들었다. 결정에 대한 많은 생각과 관심이 나를 지치게 만들었다. 우리는 선택권이 많아서가 아니라 욕망이 잠들 때, 밖에서 허락받아서가 아니라 안에서 멈출 때 진정한 자유를 마주하게 된다. 내면의 욕망이 스스로 잠든 마음이야말로 진짜 해방의 자리다.

철학적 해석이 필요한 단어

Denial of the will : 의지의 부정

필연의 사슬을
끊다

> # Freedom means release from
> # the chain of necessity.
>
> 자유란 필연의 사슬로부터 벗어나는 것이다.

인간은 '반드시 해야 한다', '이래야 인정받는다'는 사회저 조건 속에서 산다. 쇼펜하우어는 그 조건이 인간을 사슬처럼 묶는 다고 말했다. 그는 진짜 자유란 외부 규칙이 아니라 '스스로 강 요하지 않는 상태'라 했다. 즉, 자유는 의무로부터의 도피가 아 니라 필요 없는 집착의 해체다.

진짜 자유는 아무 규칙이 없는 게 아니라, 의무와 압박에서 벗어나 '내가 선택한 삶'을 사는 것이다. 그때 인간은 비로소 자 기 삶의 주인이 된다.

나는 8년째 대학에 다닌다. 그동안 휴학을 여러 번 했다. 내가 전공하고 있는 경영학과는 대입 지원 당시 부모님이 안정적이고 취업이 잘 된다고 강력히 추천하셔서 어쩔 수 없이 지원한 전공이었다. 사실 나는 고등학교 때부터 음악을 하고 싶었다. 기타를 치고, 노래를 만들고, 공연을 하고 싶었다. 하지만 부모님이 심하게 반대했다. "음악으로 먹고 살 수 있어?", "우리 사회는 대학은 나와야 해". 그래서 나는 부모의 기대와 사회의 규칙을 따랐다. 하지만 나는 불행했다. 매일 학교에 가기 싫었고 전공 공부가 재미없었고 미래도 보이지 않았다. 결국 우울증에 걸려 약도 먹었고 상담도 받았다. 하지만 근본 문제가 해결되지 않으니 전혀 나아지지를 않았다. 그래서 나는 그냥 대학을 그만두기로 결심했다. 당연히 이번에도 부모님이 반대했다. 부모님이 화를 냈지만 나는 굴하지 않았다. "제 인생이에요. 제가 선택할게요." 나는 자퇴했고 부모님은 연락을 끊었다. 한동안 나는 슬펐지만 후회하지 않았다. 그리고 음악을 시작했다. 아르바이트하며 돈을 벌고, 기타를 연습하고, 곡을 만들었다. 경제적으로는 힘들었지만 행복했다. 처음으로 '이게 내가 원한 삶이야.'라는 생각이 들었다. 부모님의 실망감은 내 분야에서 열심히 성공해서 나중에 갚아 드리리라 생각했다. 이제야 비로소 나는 자유로워졌음을 느꼈다. 필연의 사슬에서 벗어났으니까.

쇼펜하우어는 "자유란 필연의 사슬로부터 벗어나는 것이다"고 말했다. 즉, 의무와 압박에서 벗어나 내가 선택한 삶을 사는 것이다. 내가 부모님의 의견을 따르지 않고 대학을 관뒀다고 해서 규칙대로 살지 않는 것은 아니다. 나는 나만의 규칙이 있다. 매일 연습하고 성실히 일하고 곡을 만든다는 규칙을 갖고 있다. 남이 선택하고 결정한 규칙만 따르지 않았을 뿐이다. 외부의 의무와 압박에서 벗어나 내가 선택한 삶이 자유다. 우리는 이 사회에서 좋은 대학, 안정된 직장, 완벽한 인간관계 등 너무 많은 '해야 한다' 속에 갇혀 있다. 하지만 그 사슬은 대부분 타인의 기대가 만든 것이다. 그래서 대부분의 사슬은 타인의 기대다. 사회의 인정이나 부모의 지나친 기대가 아니라 자신의 기준으로 바꾸어 사는 것, 그것이 진정한 자유다.

철학적 해석이 필요한 단어

freedom : 자유
mean : 의미하다
release : 놓아주다, 벗어나다, 해방
the chain of necessity : 필연의 사슬

사라진 세계
– 내면의 고요

> ## For the saint who denies the will,
> ## the world fades away.
>
> 의지(욕망)를 내려놓은 성인에게 이 세계는 점차 사라진다.

쇼펜하우어가 말한 '성자'는 초인적인 존재가 아니라 마음이 고요해진 인간이다. 그는 세상을 포기한 것이 아니라 세상을 다른 시선으로 본다. 욕망의 안개가 걷히면 세상은 더 이상 소란스럽지 않다. 그는 고통이 사라진 것이 아니라 고통에 휘둘리지 않는 법을 배운 것이다.

'세상이 사라지는 순간'은, 외부의 변화가 아니라 내면의 고요다. 그 고요 속에서 인간은 세상 속에 있으면서도 세상에 휘둘리지 않는다.

전업주부인 나는 10년간 아들의 입시를 위해 모든 것을 바쳤다. 초등학교 때부터 영어, 수학, 코딩, 논술 등 일주일에 학원만 여섯 군데를 데려다 주느라 사실 내 생활은 없었다. 아이가 학원 가기 싫다고 울면 "엄마가 널 위해 이러는 거야"라며 달래서 보냈다. 학부모 단톡방에서는 누구는 어느 입시 설명회에 갔고, 어느 학원이 좋다더라, 어느 아이가 전교 몇 등 했더라 하는 이야기들이 24시간 계속 올라왔다. 그야말로 정보 전쟁이었다. 그것을 바라보는 나는 매일 초조했다. 그러던 어느 날, 고2 아들이 손목에 상처를 입고 왔다. 병원에서 의사가 말했다. "어머니, 아이가 우울증입니다. 당분간 학업 중단이 필요합니다." 나는 충격을 받았다. 겁이 나서 아이를 위해 우선 학원을 모두 끊었다. 방과 후 시간을 내서 아들과 영화를 보고, 산책을 하고, 맛있는 걸 먹었다. 처음엔 불안했다. '다른 애들은 공부하는데…' 하지만 몇 주가 지나자 신기한 일이 일어났다. 학부모 단톡방의 메시지가 더 이상 눈에 들어오지 않았다. 누가 어느 대학 갔는지, 누가 특목고 붙었는지… 이제 거기는 그녀의 세계가 아니었다. 그리고 오랜만에 아들의 웃음을 보았다. 그동안 내가 원했던 건 아이의 성공이 아니라, 남들에게 보여 줄 수 있는 스펙이었다는 것을 깨달았다.

쇼펜하우어는 "의지를 내려놓은 성인에게 이 세계는 점차 사라진다"고 했다. '세계의 소멸'은 나의 경험에서 명확히 드러난다.

입시 경쟁이라는 욕망이 만들어 낸 세계—학원, 등수, 비교, 평가—는 객관적 실체가 아니라 욕망이 투사한 환영이었다. 내가 그 욕망을 내려놓자, 입시 세계는 여전히 존재했지만 나를 더 이상 지배하지 못했다. 이것이 핵심이다. 의지를 내려놓으면 세계가 사라진다. 나는 초자연적인 인간인가? 아니다. 그냥 평범한 주부다. 하지만 세속의 소음을 차단하고 고요 속에 있으니 그것이 나를 '성자' 같게 만들었다. 세상을 포기한 것이 아니라, 세상을 다른 시선으로 보게 된 것이다. 내가 아들의 대학을 포기했을까? 아니다. 여전히 아들이 학교를 가게 되면 대학 입시에 맞춰 뒷바라지를 할 것이다. 하지만 시선이 바뀌었다. 예전에는 학원과 성적, 그리고 남의 시선에 휘둘렸다. 이제는 아이의 진정한 행복이 무엇인지, 무엇이 아이를 건강하게 기를 수 있는 교육인지 판단하게 되었다. 오늘날 세상은 끝없는 세속적인 소음으로 가득하다. 그것이 마음을 지치게 한다. 외부의 변화가 아니라 내면의 고요를 지키는 것, 그게 바로 진정한 성인의 자세다.

철학적 해석이 필요한 단어

saint : 성인, 거룩함과 덕을 갖춘 사람
fade away : 사라지다

아파도 괜찮다
– 고통 속의 평화

> Even amid bodily pain, he attains inner peace
> and stillness of the will.
>
> 육체적 고통 속에서도 성인은 내적 평화와 의지의 고요함을 얻는다.

쇼펜하우어는 고통을 피할 수 없다고 보았다. 그러나 마음이 자유로워진 사람은 그 고통 속에서도 흔들리지 않는다. 육체는 아파도, 영혼은 평온할 수 있다. 그는 이 상태를 '의지를 다스리는 힘'이라고 했다. 병실의 환자가 미소 짓는 이유나 노년의 병든 어머니가 오히려 괜찮다고 손을 잡아 주는 이유는 고통이 없는 게 아니라, 고통을 받아들였기 때문이다. 삶의 상처와 불안 속에서도 평화를 느낄 수 있는 건, 이제 더 이상 세상에 맞서 싸우지 않기 때문이다. 고통 없는 인생은 없다. 그러나 고통 속에서도 평화를 배울 수는 있다.

내가 맡은 68세 환자는 6개월 전 암 진단을 받았다. 그때 어렵게 내가 말했다. "1년 정도 남았습니다." 그녀는 크게 충격받은 것처럼 보였다. 처음에는 며칠 동안 울었다. '왜 나에게?', '아직 하고 싶은 게 많은데' 하면서 분노하는 것 같았다. 하지만 일주일 후 그 환자는 더 이상 울지 않았고 본인의 운명을 받아들인 것 같았다. 그녀가 나에게 남은 시간을 평화롭게 살기로 했다고 말했다. 우리는 같이 항암치료를 시작했고 고통스러워하는 그 환자의 표정이 보였다. 하지만 이상하리만치 마음은 평온하다고 했다. 병실에서 오히려 다른 환자들을 위로했다. 젊은 환자가 울면 손을 잡아줬고 간호사가 힘들어하면 힘내라고 미소 지었다. 나중에는 그녀의 가족들이 놀랐다. "엄마, 아프지 않아요?" 딸의 물음에 그 환자가 답했다. "몸은 아프지. 하지만 마음은 편안해." 딸이 이해 못 했다. "어떻게 그럴 수 있어요?" 그녀가 설명했다. "처음에는 나도 화나고 슬펐어. 하지만 받아들이니까 편해지더라. 고통은 어차피 피할 수 없잖아. 그럼 평화롭게 받아들이는 게 낫지." 그녀는 진정 고통 속에서도 평화로워 보였다.

쇼펜하우어는 "육체적 고통 속에서도 성인은 내적 평화와 의지의 고요함을 얻는다"고 했다. 그 환자는 비록 육체적 고통 속에 있었지만 또한 내적인 평화가 있었다. 우리는 육체적인 고통을 피할 수는 없다. 하지만 마음이 자유로워진 사람은 그 고통 속에서도 흔들리지 않는다. 즉, 육체는 아파도 영혼은 평온할 수 있다. 이 상태가 바로 의지를 다스리는 힘이다. 포기를 말하는 것이 아니다. 그것은 최선은 다하되 결과는 겸허히 받아들이겠다는 마음이다. '아직 죽기는 억울해. 나는 꼭 나아야 한다'라는 욕망의 의지가 사라진 상태다. 마음이 고요해질 때, 인간은 비로소 삶의 깊은 층으로 들어간다.

철학적 해석이 필요한 단어

even : ~조차
amid : ~일어나는 도중에
bodily pain : 육체적 고통
attain : 얻다
inner peace : 내적 평화
stillness of the will : 의지의 고요함

096

나를 내려놓은 날
– 자아의 해방

> **When the will is entirely denied,**
> **nothing remains for the knower.**
>
> 의지가 완전히 부정되면, 인식하는 자에게는 아무것도 남지 않는다.

쇼펜하우어는 인간의 '의지'가 사라질 때, 세상 또한 의미를 잃는다고 말했다. '의지'가 사라진다는 건, 더 이상 욕망도, 집착도, 두려움도 없다는 뜻이다. 그때 인간은 자신을 중심으로 한 세계를 더 이상 '표상'하지 않는다. 모든 구분이 사라지고, 모든 집착이 풀리며, '나'라는 자의식이 조용히 소멸한다. 그 욕망이 사라진 곳엔 '나'라는 집착도 사라지지만, 그것은 두려움이 아니라 완전한 평화다.

63세 은퇴 교사인 나는 평생 교육을 중심으로 살았다. 평생 좋은 교사였고, 훌륭한 부모였고, 존경받는 사람이었다. 하지만 은퇴 후 공허했다. '이제 나는 뭐지?', '내 정체성은 뭐지?'. 더 이상 나를 증명할 것이 없어졌고 역할도 없어지는 것 같아 나는 불안했다. 그래서 나는 자녀들과 손주들에게 집착하기 시작했다. '내 자식들은 나처럼 성공해야 해', '내가 잘 키웠다는 걸 증명해야 해', '내 손주들은 나를 보고 자랐으니 특별해야 해'. 아이들의 모든 삶에 '나'를 투사하고 집착했다. 그러나 이러한 집착으로 인해 아이들에게 그동안 존경받았던 나는 점점 아이들과 손주들에게서 멀어져 갔다. "그만 좀 하세요. 아버지!", "제 아이예요, 저희가 알아서 할게요." 안 그러던 아이들이 그렇게 쏘아붙이는 걸 보고 더욱 공허해졌다. '내가 존경받지 못한 삶을 살았나?'

쇼펜하우어는 "의지가 완전히 부정되면, 인식하는 자에게는 아무것도 남지 않는다"고 했다. 존경받는 교육자의 길을 평생 걸어온 나의 의지는 무엇이었나? '인정받고 싶다', '중요한 사람이고 싶다', '기억되고 싶다'라는 의지였다. 그러나 나에게 그런 의지가 사라지니 우선 세상이 의미를 잃었다. 의지가 사라진다는 건, 더 이상 욕망도, 집착도, 두려움도 없다는 뜻이다. 그때 인간은 자신을 중심으로 한 세계를 더 이상 표상하지 않는다. 나는 예전에 세계를 어떻게 봤나? '존경받는 삶을 살고 있는가?', '나는 인정받고 있나?', '나는 중요한가?'. 모든 것을 나를 기준으로 보았다. 그러나 세계는 나와 관계없이 그냥 존재한다. 자녀들은 자기 삶을 살고, 나 없이도 세상은 계속 돌아가고 나를 중심으로 표상하지 않는다. 이러한 욕망이 사라진 곳엔 '나'라는 집착도 사라진다. 그것은 나에게 닥친 두려움이 아니라, 완전한 평화다. 처음에는 당황스러울 수 있으나 이 세계를 있는 그대로 받아들일 때 '나'라는 집착이 사라지고 더 이상 두렵지 않고 오히려 평화롭다. 왜냐하면 더 이상 완전히 '나'를 증명하고 '나'를 지키지 않아도 되기 때문이다. 쇼펜하우어가 말한 것처럼, 나의 소멸은 곧 평화다.

철학적 해석이 필요한 단어

entirely : 완전히
be denied : 부정되다
remain : 남다
the knower : 인식하는 자

097

무(無)
– 텅 빔의 충만함

> **This nothingness is only relative
> —it means the end of representation.**
>
> 이 '무'는 상대적인 것으로, 표상 세계의 종말을 뜻한다.

이 '무(無)'는 절대적인 소멸이 아니라, 표상의 끝을 뜻한다. 표상이 사라진다는 건, 더 이상 외부 세계를 분리해서 인식하지 않는다는 뜻이다. 그때 인간은 개별적 자아에서 벗어나 존재 전체와 하나가 된다. 즉, '무'는 부정이 아니라, 통합의 다른 이름이다. 사람들은 '사라짐'을 두려워한다. 그러나 진짜 평화는 사라짐 속에서 온다.

35년간 대기업 임원으로 일한 나는 퇴임식 다음 날, 명함 없이 카페에 앉았다. 평생 처음이었다. 누군가 만나면 항상 명함부터 건넸는데, 이제 건넬 명함이 없었다. 회사 이메일 계정도 삭제됐고, 출입증도 반납했다. '상무이사 아무개'라는 정체성이 하루아침에 증발했다. 처음 며칠은 패닉이었다. 35년간 살아왔던 삶이 송두리째 사라진 기분이었다. '나는 누구지? 나의 존재는 도대체 뭐지?' 아침에 일어나도 갈 곳이 없었다. 정장을 입을 이유도 없었다. 동창회에 나갔더니 동창들이 물었다. "요즘 뭐 해?" 나는 답할 말이 없었다. 그냥 '은퇴자'일 뿐이었다. 몇 주 후 아침에 일어나 아무 계획 없이 동네를 걸었다. 공원 벤치에 앉아 지나가는 사람들을 봤다. 누군가에게 보여 줄 필요도, 증명할 필요도 없었다. 그냥 존재할 뿐이었다. 약간 홀가분한 느낌도 들었다. 어느 날 손자가 물었다. "할아버지는 직업이 뭐예요?" 나는 웃으며 답했다. "아무것도 안 한다. 그냥 네 할아버지야." 그 순간, 나는 35년 만에 처음으로 자유로웠다. 직함, 직급, 성과, 평가, 그 모든 '이름표'가 사라지자, 비로소 내 자신이 보였다.

이제껏 틀에 박혀 있었는데 이제 평생 못 해봤던 새로운 삶을 시작하는 기분이었다.

쇼펜하우어는 "이 무(無)는 상대적인 것으로, 표상 세계의 종말을 뜻한다"고 했다. 쇼펜하우어가 말한 '무(無)'는 나의 경험에서 구체화된다. 그것은 단순한 직업의 상실이 아니라 '표상 세계의 종말'이다. 나에게 세상은 항상 '상무이사'라는 렌즈를 통해 인식됐다. 사람들은 직함으로 분류됐고, 모든 관계는 비즈니스였고, 자신의 가치는 성과로 측정됐다. 이것이 표상 세계다. 은퇴로 그 표상이 사라지자, 나는 처음에는 두려움을 느꼈다. '나'라는 개별적 자아가 직함에 의존하고 있었기 때문이다. 하지만 그 '무'의 상태를 견디자, 역설이 일어났다. 아무것도 아닌 상태에서 오히려 모든 것이 됐다. 더 이상 '상무이사 아무개'라는 분리된 개인이 아니라, 그냥 '존재하는 것' 자체가 됐다. 이것이 쇼펜하우어가 말한 '존재 전체와의 통합'이다. 현대인은 끊임없이 정체성을 쌓아 올린다. 직함, 경력, 학벌, 재산, 하지만 진짜 자유는 그 모든 것이 사라질 때 온다. '무'는 상실이 아니라 해방이다. 이름표가 떨어진 자리에, 진짜 자신이 드러난다.

철학적 해석이 필요한 단어

nothingness : 무(無)
relative : 상대적인
the end of representation : 표상의 종말

098

미련을 놓았다
– 끝의 평화

[[
It is not to be feared,
for it is peace beyond suffering.

그 '무'는 고통이 사라진 평화이기 때문에 두려움이 아니다.
]]

쇼펜하우어는 인간이 두려워하는 '죽음'이나 '소멸'의 상태를 이렇게 설명했다. 그것은 끝이 아니라, 고통이 완전히 멎은 순간이다. 삶이란 고통과 욕망의 반복이지만, 그것을 초월한 자는 고요함 속에서 평화를 맞는다. 그 평화는 무감정이 아니라, 모든 감정이 완전히 정화된 상태다. 우리는 끝을 무서워한다. 관계의 끝, 인생의 끝, 사랑의 끝. 하지만 끝이 있기 때문에 우리는 '지금'을 진심으로 느낀다.

3년 전, 나의 30년 결혼 생활이 끝났다. 아내가 떠났고 나는 처참히 무너졌다. '내 인생이 끝났어', '이제 뭘 위해 살지?'. 허무하고 두려웠다. 처음에는 이혼하자는 아내가 이해가 안 돼서 전화도 하고 메시지도 보내고 다시 시작할 수 있다고, 기회를 달라고 매달렸다. 하지만 아내는 끝내 돌아오지 않았다. 나는 미련이 가득했다. '왜 나를 떠났을까?', '내가 뭘 잘못했을까?', '돌아올 수도 있지 않을까?'. 도저히 알 수가 없었다. 너무 고통스러워서 매일 잠도 못 자고, 밥도 못 먹고, 일도 손에 안 잡혔다. 친구들이 "이제 그만 부인을 놓아줘. 관계는 끝난 거야."라고 해도 나는 내 인생의 끝이 두려워 놓지 못했다. 2년이 지났다. 여전히 고통스러웠지만 어느 날 나는 깨달았다. '그래, 이렇게 살 수는 없어.' 나는 미련을 완전히 놓기로 결심했다. 아내의 물건부터 정리했다. 사진, 선물, 추억, 모두 버렸다. 연락처도 지웠다. SNS도 차단했다. 나는 아내에게 마지막으로 편지를 썼다. "고마웠어. 행복해. 나도 이제 내 길을 갈게." 하지만 끝내 편지를 보내지 않고 태웠다. 그날 밤 나는 많이 울었다. 하지만 다음 날 아침, 이상한 일이 일어났다. 마음이 가벼워졌다. 미련이 사라지니 처음으로 평화를 느꼈다. 이제 나는 더 이상 끝이 두렵지 않다. 오히려 평화롭다. 다시 새 출발을 할 수 있을 것 같다.

쇼펜하우어는 "그 무는 고통이 사라진 평화이기 때문에 두려움이 아니다"고 했다. 나의 무는 결혼의 끝, 관계의 끝이었다. 그리고 처음에는 그 끝이 두려웠다. 하지만 미련을 놓으니 두렵지 않았다. 오히려 고통이 사라지자 평화로웠다. 쇼펜하우어가 말한 것처럼, 무는 평화다. 인간이 두려워하는 죽음이나 관계 소멸의 상태는 끝이 아니라, 고통이 완전히 멎은 순간이다. 나는 처음에 이혼은 끝이라고 느꼈다. 하지만 지금 다시 보면 끝이 아니라 그냥 고통이 멎은 순간이다. 나의 삶은 처음에는 돌아와 달라고, 다시 시작하자고 매달리는 고통의 반복이었다. 하지만 이제 미련을 놓자 평화를 맞이하게 되었다. 그 평화는 무감정이 아니라, 모든 감정이 완전히 정화된 초월의 상태다. 우리가 죽음이나 관계의 소멸을 두려워하는 이유는 끝 자체가 아니라, 미련 때문이다. 그러나 모든 미련이 사라진 자는 더 이상 두려워하지 않는다.

철학적 해석이 필요한 단어

be feared : 두려워 지다
for : ~때문에
beyond suffering : 고통을 뛰어넘는, 고통이 사라진

099

내가 멈추면
세상도 멈춘다

> The denial of the will is the liberation
> of the entire world.
>
> 의지의 부정은 세계 전체의 해탈을 의미한다.

쇼펜하우어는 인간 개인의 의지가 세계의 고통을 만들어 낸다고 보았다. 그러나 한 사람이 의지를 멈추는 순간, 그 사람의 세계가 고요해진다. 내 마음이 고요하면, 세상도 고요해진다. 그 고요함은 곧 세상 전체의 해방이다. 즉, 한 개인의 깨달음이 전체의 평화를 불러온다. 세상을 바꾸려 애쓰기보다, 나의 마음을 먼저 다스리는 일이 우선이다. 한 사람의 욕망이 멈추면, 그 주변의 긴장도 풀린다. 가정의 불화, 조직의 갈등, 사회의 분열 등은 결국 의지의 충돌이다. 내가 먼저 멈추면, 세상도 따라 멈춘다. 욕망의 전염이 고통을 만든다면, 멈춤의 전염은 세상을 구한다. 내가 고요해지는 순간, 세상은 이미 조금 더 자유로워진다.

고1인 내 아들 민재는 '문제아'였다. 고등학생인데 학원은 안 가고 새벽 2시에 들어오고, 담배 냄새를 풍기고, 방은 쓰레기장이었다. 나는 5년간 아들을 바꾸려고 모든 걸 했다. 소리를 지르고, 상담센터를 다니고, 핸드폰을 압수하고, 용돈을 끊었다. 하지만 아이는 더 악화됐다. 가출도 했고, 경찰서에서 연락도 왔다. 어느 날 나는 지쳐서 무너졌다. 전문 상담사가 말했다. "어머니, 아들을 바꾸려는 걸 멈추세요. 그냥 지켜보세요." 나는 처음엔 그 말을 이해할 수 없었다. 하지만 더 이상 방법이 없어서 그냥 멈춰서서 지켜보기로 했다. 아들이 새벽에 들어와도 아무 말도 안 했다. 방이 더러워도 치우지 않았다. 성적표를 봐도 한숨만 쉬었다. 그냥 밥만 차려줬다. "밥 먹어라." 그게 전부였다. 한 달이 지났다. 아들이 저녁 8시에 들어왔다. 두 달째, 아들이 방 청소를 했다. 세 달째, 아들이 물었다. "엄마, 왜 아무 말 안 해?" 나는 답했다. "너를 바꾸려는 게 지쳤어. 이제 네가 알아서 해." 그날 밤, 아들은 처음으로 식탁에 앉아 가족과 밥을 먹었다. 신기하게도 가족 전체가 달라졌다. 남편은 퇴근 후 술을 줄였고, 딸은 오빠에게 말을 걸기 시작했다. 내가 아들을 바꾸려는 의지를 놓자, 집안 전체의 긴장이 풀렸다.

쇼펜하우어는 "의지의 부정은 세계 전체의 해탈을 의미한다"고 했다. 이러한 깨달음은 나의 가족에서 정확히 실현된다. 애초 나의 의지는 '아들을 내가 원하는 모습으로 만들겠다'는 것이었다. 이 의지는 아들만 고통스럽게 한 게 아니라, 가족 전체를 감옥에 가뒀다. 남편은 아내와 아들 사이에서 중재하느라 지쳤고, 딸은 집안 분위기에 눌려 자기 목소리를 잃었다. 한 사람의 의지가 전체 시스템을 병들게 한 것이다. 내가 그 의지를 내려놓자, 놀라운 일이 일어났다. 아들은 더 이상 반항할 대상이 없어지자 스스로를 돌아봤다. 엄마의 통제가 사라지자 자기 책임을 느끼기 시작한 것이다. 그리고 그 변화는 가족 전체로 퍼졌다. 이것이 핵심이다. 한 사람의 집착적 의지가 해체되면, 그 의지에 얽매여 있던 모든 사람이 자유로워진다. 세계 전체의 해방이란, 나의 욕망이 만든 왜곡된 관계망이 풀리는 것이다. 부모가 자녀를 놓아주는 순간, 자녀만 자유로워지는 게 아니라 부모 자신도, 그리고 가족 전체도 해방된다.

철학적 해석이 필요한 단어

liberation : 해방, 해탈
the entire world : 세계 전체

고통 속에서 평화를 찾다
– 존재의 해방

『The World as Will and Representation』 is
a philosophy of ultimate release from
the suffering of existence.

『의지와 표상으로서의 세계』는 존재의 고통으로부터의
궁극적 해방을 위한 철학이다.

이 한 문장은 쇼펜하우어 철학 전체를 요약한다. 그의 사상은 단순한 사변이 아니라, 인간이 어떤 세상에 살고 있고 그래서 어떻게 살아야 하는가에 대한 실질적 대답이었다. 그는 존재가 고통임을 인정하고, 그 고통을 넘어서는 길을 제시했다. 그 길의 끝에는 절망이 아니라, 해방이 있다. 의지를 이해하고, 그것을 내려놓을 때 인간은 더 이상 세상에 휘둘리지 않는다. 그의 철학은 우리에게 '포기'를 가르치는 것이 아니라 '멈춤 속의 자유'를 알려준다. 그것이 바로 고통에서 벗어난 인간의 마지막 해방이다. 쇼펜하우어의 철학은 결국 '고통의 세상 속에서 평화를 찾는 길'을 말한다.

내 남편은 췌장암 말기 환자다. 남은 시간은 6개월이다. 나는 지난 1년간 남편을 간호했다. 항암 치료, 통증 관리, 식사 보조, 대소변 처리 등 하루 3시간도 못 잤다. 몸무게는 15kg 빠졌고, 우울증 약을 먹기 시작했다. 친척들이 말했다. "요양원을 보내. 이러다 네가 죽겠다." 사실 나도 한계였다. 근처 요양원 상담을 받으러 갔다. 깨끗한 시설, 친절한 간호사, 24시간 케어, 모든 게 완벽했다. 계약서에 사인하려는 순간, 나는 멈췄다. '내가 왜 이러는 거지?' 그는 남편을 요양원에 보내고 싶지 않았다. 물론 간병의 고통에서 도망치고 싶었다. 하지만 마지막 모습도 못 보고 남편을 떠나보내고 싶지는 않았다. 나는 다시 집으로 돌아와 남편에게 말했다. "당신의 마지막까지 내가 옆에 있을게." 남편의 눈에서 눈물이 흘렀다. 그날부터 나는 다시 달라졌다. 남편을 간호하는 것이 환자와의 고통스러운 시간이 아니라, 사랑하는 이와 함께하는 마지막 시간이 됐다. 기저귀를 갈아주면서 남편의 손을 잡았다. 죽을 먹이면서 옛날 이야기를 했다. 통증으로 신음하는 남편을 꼭 안아 줬다. 두 달 후, 남편은 나의 품에서 숨을 거뒀다. 장례식장에서 사람들은 나에게 위로했다. "많이 힘들었죠?" 나는 고개를 저었다. "아니요. 행복했어요. 마지막까지 함께였으니까요."

쇼펜하우어의 『의지와 표상으로서의 세계』는 존재의 고통으로부터의 궁극적 해방을 위한 철학이다. 일반적으로 사람들은 고통에서 벗어나는 것을 해방이라고 생각한다. 여기서 요양원은 바로 그런 '고통으로부터의 도피'를 제공한다. 하지만 내가 발견한 진짜 해방은 정반대였다. 고통을 회피하는 것이 아니라 고통을 온전히 받아들이는 것이었다. 환자를 요양원으로 보내 마지막 관리를 받으며 지내게 하는 방법도 틀린 것은 아니다. 사람마다 어떻게 받아들이느냐에 따라 다르다. 다만 이 경우는 나의 의지가 '고통을 없애려는 의지'에서 '함께 존재하려는 의지'로 전환된 것 뿐이다. 고통 없는 삶을 추구하는 것이 아니라, 고통을 삶의 일부로 수용하는 것. 그 순간 고통은 더 이상 적이 아니라, 사랑하는 사람과 함께하는 마지막 시간이 된다. 이것이 존재의 역설이다. 진짜 해방은 고통 밖에 있는 게 아니라, 고통 한가운데서 의미를 발견하는 것이다.

철학적 해석이 필요한 단어

The world as will as representation : 의지와 표상으로서의 세계 (쇼펜하우어의 도서)
philosophy : 철학
ultimate release : 궁극적인 해방
suffering of existence : 존재의 고통

『데어빌레-100일의 사유』를 마치며 ●

살면서 사랑하는 사람을 갑자기 잃게 되면 그때부터 그 사람의 인생에 대한 관점(perspective)이 바뀐다고 합니다. 개인적으로 그 관점의 변화를 몇 번 거치면서 내적으로 단단해짐을 느꼈지만, 한편으로는 외로움, 허무함, 관계의 가치, 삶의 정의에 대한 여러 사고의 부침을 겪었습니다. 그때마다 상실감을 느꼈지만, 한편으로는 또 이 혼란한 세상을 버텨 내야 하기에 억지로 휘청거리는 모습을 감춘 채 지내 왔습니다.

우리는 누구나 언젠가는 사랑하는 사람을 잃습니다. 갈등으로 인해 관계가 끊어질 수도 있고, 외부 요인이나 소통의 부재로 관계를 잃기도 합니다. 또한 죽음, 즉 존재의 소멸로 부득이하게 관계를 잃는 경우도 많습니다. 그럼에도 우리는 우리의 존재 가치를 증명하기 위해 묵묵히 그 자리를 버텨 냅니다. 그러나 이제는 그 견뎌 내야 할 무게가 점점 더 많아지고 있습니다. 정신을 못 차릴 만큼 엄청난 기술 개발, 더 복잡해지는 사회구조, 그리고 그로 인해 쏟아지는 무한하고 불특정한 정보는 늘 우리를 오류와 왜곡과 허위의 사실들에 휘둘리게 하고 있습니다. 실로 평범한 사람들이 감히 균형을 잡고 살아나기 어려운 세상이 되어 가고 있습니다.

그래서 어쩌면 대량의 콘텐츠와 다양한 정보, 사실과 거짓이 모호한 현실에서 넘어지지 않기 위해, 우리가 지금 추구하는 것이 '오래도록 변하지 않는 것'에 갈망인지도 모릅니다. 그 '변하지 않는 정답'을 찾기 위한 현대인들의 간절한 소망은 결국 근대 철학과 고전소설로 모이고 있는 것도 현실입니다.

개인적으로도 많이 힘에 부칠 때 스스로 찾게 된 것이 철학입니다. 하지만 철학은 너무 어렵습니다. 원문을 보고 싶었지만, 비전공자에게는 다가가기가 쉽지 않았습니다. 시중에 많은 철

『데어빌레-100일의 사유』를 마치며

학 책도 찾아보았지만, 어디서부터 어디까지가 쇼펜하우어가 말한 건지, 니체가 주장한 건지 애매할 때가 많았습니다.

이 궁금증이 처음 『데어빌레-100일의 사유』를 기획한 이유입니다. 저에게도 너무도 필요한 일이었기에 현대 시대를 살아가는 우리에게도 깨달음을 줄 수 있는, 근대에서 현대로 넘어오는 과도기의 철학자, 쇼펜하우어를 선택했습니다. 그의 철학은 현재 혼란한 세상에 살고 있는 우리에게 '세상에 대한 올바른 정의'를 줄 것이라 믿었기 때문입니다. 그리고 독일에 있는 지인을 수소문하여 쇼펜하우어의 『의지와 표상으로서의 세계』에서 핵심 문장 발췌를 요청했고, 그 문장들을 하나하나 번역하는 일을 거쳤습니다. 그리고 철학에 쉽게 다가가지 못하는 많은 독자들을 위해 좀 더 쉽게 이해할 수 있도록 각각의 문장에 맞는 여러 사례들을 만들었습니다. 이 과정이 쉽지는 않았지만, 많은 분들의 도움으로 드디어 『데어빌레-100일의 사유』 도서를 세상에 내놓게 되었습니다.

앞서 말했듯이 이 도서는 "무엇을 해라", "어떻게 살아라" 하는 식의 자기 개발서가 아닙니다. 여러분의 인생을 바꾸기 위한 목적도 없습니다. 다만, 바쁘고 정신없는 이 세상에서 숨 가

쁘게 살아가다 걸림돌에 걸려서 넘어지지 않게 하기 위함입니다. 잠시라도 멈춰 서서 사유하고 쉴 수 있게 함이면 됩니다.

철학은 정답이 없습니다. 하지만 삶을 균형감 있게 버텨 온 사람들은 각자의 정답을 가지고 있습니다. '초인'은 특별한 사람이 아니라 균형감을 갖고 휘둘리지 않는 사람이라고 쇼펜하우어가 말한 것과 같이, 여러분 모두 이 철학서에서 각자의 균형감각을 배우고 각자의 정답을 찾아내시길 바랍니다.
끝으로 원고 제작에 도움을 주신 모든 분들에게 감사드립니다.

서장혁

데어빌레
100일의 사유

초판 인쇄 ｜ 2026년 1월 2일
초판 발행 ｜ 2026년 1월 2일

원문제공 ｜ 아르투어 쇼펜하우어
저　　자 ｜ 서장혁
감　　수 ｜ J. Y. Kim-Buzziol

펴 낸 이 ｜ 서장혁
펴 낸 곳 ｜ 토마토출판사
주　　소 ｜ 서울시 마포구 양화로161 케이스퀘어 727호
T E L ｜ 1544-5383
홈페이지 ｜ www. tomato4u. com
E - m a i l ｜ story@tomato4u. com
등　　록 ｜ 2012. 1. 11.
I S B N ｜ 979-11-92603-87- 2 (04100)